KB121734

SNS 인문학

알고 쓰면 더 재밌는
SNS 신조어
—

SNS
인문학

신동기 · 신서영 지음

M31

알고 쓰면 더 재밌는 SNS 신조어

SNS 인문학

초판 1쇄 발행 2022년 1월 20일

지은이 신동기·신서영
발행인 김시경
발행처 M31

ⓒ 2022, 신동기·신서영

출판등록 제2017-000079호 (2017년 12월 11일)
주소 경기도 김포시 김포한강2로 11, 109-1502
전화 070-7695-2044
팩스 070-7655-2044
전자우편 ufo2044@gmail.com

ISBN 979-11-91095-04-3 03190

무민세대, 싱글슈머, 카오스펙, 휘소가치,
법블레스유….[1] 네이버지식백과 '시사상식사전'에 실린 '신조어'
들이다. 어느 세대에게는 일상어겠지만 또 다른 세대에게는 거
의 외래어나 다름없는 표현들이다.

　신조 유행어에 대한 사람들의 반응은 대체로 두 방향으로
나뉜다. 하나는 국어를 파괴하고 우리말을 오염시킨다는 부정
적 입장이다. 기성세대가 주로 여기에 해당한다. 다른 하나는
숨돌릴 틈 없이 빡빡하게 살아가는 사람들의 일상에 윤활유 역
할을 하고 소통을 더욱 생기 있게 해준다는 주장이다. 주로 젊
은 세대의 입장이다. 이들에게 신조 유행어 사용은 일종의 놀이

이자 문화 현상이다. 그리고 사회 변화와 함께 진화하는 언어의 자연스러운 속성으로 받아들여진다.

오랫동안 생명력을 유지하는 유행어는 그 시대의 거울이다. 시대상을 그대로 비추기 때문이다. 재치 있고 재미있는 유행어는 말장난 정도로 가볍게 여겨지기도 하지만, 한 시대의 특징적 현상을 포괄적으로 그리고 압축적으로 담고 있는 만큼 그 표현 밑에 잠겨 있는 배경과 깊이는 결코 가볍지 않다.

신조 유행어는 셀 수 없이 많다. 그 모든 것을 다 따져볼 수는 없다. 이 책은 최근 새로 등장한 유행어들 중 시간이 흘러도 꽤 오랫동안 살아남을 것으로 생각되는 몇몇 유행어의 배경과 의미, 메시지를 인문학적 관점에서 살펴본다. 유행어를 사용하는 재미와 편리에, 인문학적 의미까지 더해 즐길 수 있다면 그야말로 '핵꿀잼' 아닐까.

신동기&신서영

차례

01

잉여인간
공자도 알고 보면 잉여인간?

사회에서 특정 역할을 맡지 못하고 누구도 필요로 하지 않는 남아 있는 인간이라는 의미.
신조어로 여기는 사람이 많지만 생각보다 오래된 표현이다.
비슷한 의미의 단어인 룸펜프롤레타리아트(lumpenpeoletariant) 등이
이미 19세기부터 마르크스, 헤겔, 니체 등에 의해 심심찮게 쓰였다.
1958년 일찍이 우리나라에서도 소설가 손창섭이
'잉여인간'이라는 제목의 단편소설을 펴낸 바 있다.

시사 주간지에 칼럼을 몇 달 연재한 적이 있다. 제목을 '신동기의 잉여Talk'로 잡았다. 여기에서 '잉여'는 두 가지 의미를 의도한 표현이었다. 하나는 '별로 쓸모가 없는'이었고, 다른 하나는 '사람들이 그리고 사회가 간과하고 있는'이었다. 그런 의도가 칼럼 독자들에게 얼마나 잘 전달되었는지는 모르겠다. 어쨌든 나는 '잉여'라는 말이 주는 느낌에 부정과 긍정 두 측면이 모두 있다고 보았다. 소극적으로 볼 때는 부정적, 적극적으로 볼 때는 긍정적 의미였다.

10여 년 전까지만 해도 사람들에게 '잉여'는 그리 익숙한 말이 아니었다. 일상에서 쓰이는 경우가 거의 없었다. 마르크스의 '잉여가치론'에서처럼 사회과학에 관심 있는 사람이나 한 번씩 사용하는 말이었다. 그런데 언제부턴가 갑자기 '잉여'라는 말이 여기저기 눈에 띄고 귀에 들리기 시작했다. 아마 경제성장률이 5퍼센트 이하로 떨어지고 학교를 졸업한 20대의 취업률이 크게 낮아지기 시작하면서부터인 듯하다.

물론 이때 그 '잉여'의 의미는 '잉여가치론'에서의 '노동자 몫을 빼앗는'이라는 이데올로기적 무거운 의미의 '잉여'가 아니었다. '쓰고 난 나머지', '하찮은', '별로 쓸모가 없는'과 같은 일상적이고도 일반적인 의미의 '잉여'였다. '잉여'는 카톡에서, 친구 간 대화에서 또는 인터넷 댓글에서 빈번히 등장했다. '잉여'라는 말 자체를 즐기기라도 하듯이.

그러다 보니 '잉여' 관련 신조어도 등장했다. '잉여질', '잉여롭다'와 같은 말들이다. '잉여질'은 한마디로 '뻘짓'을 말한다. 그리고 '잉여롭다'는 아무 일도 하지 않고 빈둥대는 것을 말한다. 꽤 본질적이면서 어쩌면 문학적이기까지 하다. '잉여인간'은 이런 '남아도는', '별로 쓸모가 없는' 또는 '잉여질'을 일상적으로 하는 사람이다. 그리고 한 사회에 그런 '잉여인간'이 많아지면 그 사회는 소위 '잉여사회'가 된다. 현실에서 '잉여'라는 수식어를 빈번히 필요로 하는 사회 역시 '잉여사회'가 된다.

'잉여인간'이라는 말이 활발하게 쓰이기 전, 비슷한 의미로 쓰이던 말이 '놈팡이'다. '놈팡이'라는 말의 어원으로는 본래 우리말이라는 주장이 있고, 또 독일어의 룸펜(Lumpen)에서 온 말이라는 주장도 있다. 사람들은 스토리가 있는 것을 좋아하고 이색적인 것에 마음이 끌린다. 룸펜은 룸펜프롤레타리아트(Lumpenproletariat)를 줄여 부르는 말이다. 룸펜프롤레타리아트는 '일을 거의 하지 않고 취업할 의사도 없으며, 일정한 거주지 없이 쓰레기통을 뒤지거나 구걸·범죄·매춘 등으로 그날그날 먹고 사는 부류'[1]를 의미한다. 특히 앞부분의 '일을 거의 하지 않고'라는 부분이 '놈팡이'와 상통한다.

마르크스도 '잉여인간'을 이야기했다. 물론 그가 쓴 용어 자체는 '잉여인간'이 아닌 다른 것이었다. '산업예비군(industrial reserve army)'이라는 말이었다. 사실 이 '산업예비군'이라는 말은 '잉여인간'의 사회적 의미에 매우 가깝다. 아니, 사실 동일하다. 마르크스는 모든 생산물은 인간의 '노동력'과 '생산수단'이 더해져 만들어진다고 설명한다. 여기에서 '생산수단'은 크게 구분해 '재료'와 '기계' 두 가지를 말한다. 빵을 만든다고 가정하면, '밀가루'와 '오븐'이라 할 수 있겠다. 이 밀가루와 오븐, 즉 '재료'와 '기계'를 가진 사람이 자본가이고, '노동력'만 가진 사람이 노동자다. 자본가는 밀가루와 오븐을 갖추고 노동자를 고용해 빵을 만들어 돈을 번다. 그리고 시간이 지나 돈이 쌓이면 추가로 투자해 사업을 키운다. 이때 자본가는 밀가루와 오븐, 즉 '생산수단'에 더 투자하려 할까 아니면 '고용'을 늘리는 데 더 투자하려 할까? 답은 '생산수단'이다.

시간이 가면서 기술은 발전한다. 과거보다 더 적은 금액으로 성능이 훨씬 좋은 오븐을 마련할 수 있다. 이는 더 적은 비용으로 훨씬 더 품질이 좋은 빵을 만들어낼 수 있다는 이야기다. 그 결과가 오늘날 우리 주변에서 볼 수 있는 고도로 자동화된 공장들이다. 과거 100명의 노동자가 하던 일을 이제 한두 명의 노동자가 처리할 수 있다. 기계로 자동화했기 때문이다. 기업 매출은 2배, 100배로 늘어나는데 고용은 그대로이거나 오히려 줄어들기까지 한다. 이런 현상은 그 회사 소유주가 인정이 있느냐 없느냐, 사람을 우선시하느냐 그러지 않느냐와 아무 관계가 없다. 기술발전이 가져오는 필연적 결과이고, 자신만 자동화를 하지 않고 굳이 사람의 손으로 상품을 만들겠다는 것은 회사 문을 닫겠다는 것이나 다름없기 때문이다.

따라서 어느 시대, 어느 사회나 시간이 지나면서 기술이 발전하면 일자리가 줄어든다. 물론 이때 새로운 산업이 등장하면 기존 산업에서 일자리를 잃은 이들이 이 새로운 산업으로 흡수된다. 그러나 여기에는 한계가 있다. 인간의 의식주와 문화 욕구를 충족시키는 상품의 종류와 품질이 어느 정도 포화 또는 한계 상황에 이르면 그때부터 새로운 산업의 등장은 둔화되기 시작한다. 이렇게 되면 새로운 산업이 창출하는 일자리가 기존 산업에서 밀려 나오는 실업자들을 감당할 수 없는 상황이 된다.

마르크스는 기술발전에 따라 필연적으로 발생하는 이 실업자들을 '산업예비군'이라 불렀다. 그리고 기업이 기술발전과 함께 '사람 고용'보다 '생산수단', 즉 '설비 자동화'에 투자를 늘리는 자연스러운 현상을 '자본의 유기적 구성(organic composition of capital)의 고도화'라 칭했다. '자본의 유기적 구성의 고도화'는 한마디로 '상품'은 '노동력'과 '생산수단'의 유기적인 결합에 의해 생산되는데, 시간이 갈수록 기술발전과 함께 '생산수단'의 비중은 높아지고 '노동력'의 비중은 낮아진다는 이야기다. 그 결과 '산업예비군'인 '실업자', 즉 '잉여인간'이 발생할 수밖에 없다는 것이다. 마르크스가 150년 전에 간파한 자본주의 경제 시스템의 필연적 법칙이다.

간혹 정치인들이 기업 경영자들에게 매출은 전년 대비 몇 퍼센트 늘었는데 왜 고용은 그대로냐며 다그치는 모습을 본다. 자본주의 경제의 필연적 법칙인 '자본의 유기적 구성의 고도화'

를 알면서도 그렇게 묻는다면 이는 가증스러운 정치적 제스처이고, 모르고서 묻는다면 사회 규칙을 만들거나 그 규칙을 운영하는 자로서의 자격 미달이다. 마르크스는 자본주의 사회에서 '잉여인간'의 필연적 등장을 자신이 자부하는 '과학적 방법'으로 설명한 최초의 학자다.

* * *

인터넷 댓글이나 일상 대화에서 쓰이는 '잉여인간'의 전형은 이상의 소설 《날개》에서 만나볼 수 있다. 이 1인칭 소설의 주인공이 바로 그다. 주인공은 자신의 상황에 대해 '나는 내가 행복되다고도 생각할 필요가 없었고 그렇다고 불행하다고도 생각할 필요가 없었다. 그냥 그날그날을 그저 까닭 없이 편둥편둥 게을르고만 있으면 만사는 그만이었던 것이다. 내 몸과 마음에 옷처럼 잘 맞는 방 속에서 뒹굴면서 축 처져 있는 것이 행복이니 불행이니 하는 그런 세속적인 계산을 떠난 가장 편리하고 안일한, 말하자면 절대적인 상태인 것이다. 나는 이런 상태가 좋았다'[2) '나는 이불을 뒤집어쓰고 낮잠을 잔다. 한 번도 건은 일이 없는 내 이부자리는 내 몸뚱이의 일부분처럼 내게는 참 반갑다'[3) '사실 나는 인간 세상이 너무나 심심해서 못 견디겠던 차다. 모든 일이 성가시고 귀찮았으나 그러나 불의의 재난이라는 것은 즐겁다'4) '나는 커다랗게 기지개를 한번 펴보고 아내 베개를 내려 비고 벌떡 자빠져서는 이렇게도 편안하고 즐거운 세월을 하느님께 흠씬 자랑하여 주고 싶었다. 나는 참 세상의 아무것과도 교섭을 가지지 않는다. 하느님도 아마 나를 칭찬할 수도 처벌할 수도 없는 것 같다'5)라고 자신의 내면세계를 드러낸다.

소설 주인공은 그야말로 '잉여인간'으로서 달관의 경지에 올라 있다. 잉여인간의 모토인 '잉여롭게 그리고 쓸데없게'에 거의 완벽하게 부합한다. 행복이니 불행이니 하는 그런 세속적 타산을 콧등으로 비웃을 정도의 높은 정신세계, 이부자리가 옷도 아닌 몸의 일부가 되는 신공의 경지, 불의의 재난이 오히려 놀이로 전화(轉化)되는 달관의 자세가 인간 아닌 신과의 교섭을 꿈꾸는 입신의 단계를 보여준다. 잉여인간의 '지금도 아무것도 하지 않고 있지만 더욱 격하게 아무것도 하지 않고 싶다'의 높고 깊은 정신세계를 생생하게 보여준다.

'잉여인간' 하면 또 빠트릴 수 없는 인물이 공자(BC522-BC479)다. 우리는 공자 하면 '공자 말씀'을 남긴, 범인들은 감히 범접할 수 없는 높은 정신세계의 성인으로만 생각한다. 그렇지 않다. 공자 역시 실존의 인간이었다.

공자는 "나라에 도가 서 있으면 벼슬에 나가고, 나라에 도가 서 있지 않으면 벼슬에서 물러나 가슴속에 뜻을 품을 뿐이다"[6] 라고 말했다. 그러나 공자라고 해서 항상 이 거룩한 말씀 그대로 산 것은 아니었다.

어느 하루 제자 자공이 공자에게 물었다.

"여기에 아름다운 옥이 있습니다. 이것을 장롱 깊이 넣어두시겠습니까 아니면 좋은 값을 받고 파시겠습니까?"

공자가 대답했다.

"팔아야지, 팔아야지. 나는 지금 좋은 값에 팔리기를 기다리고 있는 중이다."[7]

하루빨리 취직되길 기다리는 지금 취준생들의 심정과 별다를 것이 없다.

또 하루는 반란을 일으켜 비읍 땅을 차지한 공산불요라는 인물이 공자를 초빙했다. 제자 자로가 옳지 못한 자의 초빙에 응하려는 스승 공자의 태도가 못마땅해 물었다.

"아무리 가실 곳이 없다고 해도 그렇지 어찌 공산씨에게 가시려 합니까?"

공자가 대답했다.

"그가 어찌 나를 아무 일 없이 불렀겠느냐. 나를 고용해주는

자가 있다면 내 기꺼이 가, 주공단이 만든 주나라와 같은 나라
를 만들 것이다."[8)

찬밥 더운밥 가리지 않는 공자의 인간적인 면을 볼 수 있다.

또 한번은 불힐이라는 자가 공자를 불렀다. 이 자 역시 반란
을 일으킨 옳지 않은 자였다. 자로가 왜 이런 자의 초빙에 응하
려 하느냐며 또 딴지를 걸었다. 공자가 대답했다.

"그렇다. 이런 말이 있다. 참으로 단단한 것은 갈아도 얇아지
지 않고 참으로 흰 것은 검은 물을 들여도 검어지지 않는다. 내
가 어찌 조롱박처럼 줄기에 매달린 채 아무 쓰임 없이 그대로
버려져야 한단 말이냐?"[9)

자신은 특별해서 보통 사람들처럼 문제 있는 사람을 모신다
고 해서 함께 휩쓸리거나 하지는 않을 것이라 자신한다. 그리고
말이 나온 김에 이런 초빙이 있을 때마다 딴지를 거는 자로에게
'그럼 나는 이대로 힘들게 살다 그냥 죽으란 말이냐?'라는 뉘앙
스의 불만을 터뜨린다. 공자도 인간이다. 감정이 없을 수 없다.

어느 날 공자는 "군자는 자신의 무능을 탓할 뿐 다른 사람
들이 자신을 알아주지 않는 것에 속상해하지 않는다"라는 말
에 뒤이어 "군자는 죽을 때까지 자신의 이름이 세상에 알려지지
않는 것을 원하지 않는다"[10)라고 말한다. 앞에서는 군자는 사
람들의 평가에 무심해야 한다고 말하고, 뒤에서는 그렇지만 죽

을 때까지 자신의 이름이 사람들에게 널리 알려지지 않는 것은 곤란하다고 말하고 있다. 앞말은 군자 스타일인데 뒷말은 소인배 스타일이다. 공자도 현실에 두 발을 딛고 사는 인간이었다.

공자는 퇴락한 귀족 집안 출신으로 72년 생애를 살았다. 귀족 출신이니 직접 농사에 나설 수는 없었고, 퇴락한 집안이니 가진 것이 없었다. 거기에 하필 장수(長壽)까지 했다. 삶이 녹록했을 리가 없다. 72년 생애 중 공자가 직장생활, 즉 벼슬을 한 기간은 기록에 의하면 그리 길지 않다. 20대 때 창고관리 담당인 위리(委吏)와 가축관리 담당인 승전리(乘田吏)를 지냈고, 51세부터 56세까지 읍장격인 중도재(中都宰), 건설국장인 사공(司空), 법무장관인 대사구(大司寇)를 지냈다. 그리고 56세 때 대사구를 퇴직한 뒤 공자는 이곳저곳 제후들을 찾아 나선다. 유람이 아닌 재취업을 하기 위해서였다.

68세에 결국 재취업을 포기한 공자는 고향으로 돌아와, 이때부터 제자 가르치는 일로 생계를 잇는다. 수업료는 어포 10마리 정도로 보잘것없었다. 공자가 '공자 말씀'을 하다가도 태도가 바뀌곤 하는 것은 바로 이 생계 때문이었다. 광이라는 곳에서 도적 떼를 만나자 자신은 하늘로부터 인간의 교화(文)라는 대업을 부여받은 몸이어서 도적들이 자신을 해치려야 해칠 수가 없을 것이라고 큰소리치는 공자였지만, 제자에겐 "나를 알

아주는 이가 없구나. 나를 알아주는 것은 하늘일 것이다"[11])라
고 말할 정도로 고독한 존재가 바로 공자였다.

공자는 그의 삶 중 상당 기간 사실 '잉여인간'이었다. 자신을
알아주는 이는 하늘뿐이라고 말할 정도로 그는 고독했고, 이상
은 하늘만큼이나 높았지만 현실에서 그를 위한 시간과 공간은
존재하지 않았고, 재취업을 위해 노구를 이끌고 12년을 헤맸지
만 취직을 할 수 없었다. 그 상황이 잉여인간이 아니라면 무엇
을 잉여인간이라 할 수 있겠는가. 공자는 '잉여인간'이었다.

* * *

'잉여인간'은 사실 아직 사회학적으로 정의된 용어가 아니다.
'남아도는', 사회적으로 밀려나 일할 기회를 갖지 못한 이들을
이르는 말인지, 아니면 스스로 자신을 '별로 쓸모가 없는' 존재
로 인식해 자조하는 이들을 이르는 말인지도 아직 정리되지 않
았다. 잉여인간은 마르크스의 '산업예비군'처럼 일자리를 찾고
있지만 아직 직장을 잡지 못한 이들을 의미할 수도 있고, 소설
《날개》의 주인공처럼 한없는 무기력에 빠진 이를 의미할 수도
있고, 공자처럼 높은 이상과 현실 사이의 괴리로 기본적으로 사
회와 코드가 맞지 않은 이를 의미할 수도 있다.

그런데 따져보면, 이 세상에 직장을 구하기 위해 한 번이라도 고민해보지 않은 이 없고, 수십 년의 삶 중 어느 한때 무력감에 빠져보지 않은 이 없고, 자신이 품은 뜻을 현실이 따라주지 않는다고 한탄해보지 않은 이 없다. 사람이라면 누구나 생존을 위해 직장을 고민하고, 삶의 의미 찾기에 열중하다 무력감의 나락에 빠지고, 발은 진흙밭을 딛고 있으면서도 눈은 별빛을 향한다. 인간 아닌 동물은 직장을 고민할 일이 없고, 삶의 의미를 추구할 사유 자체가 없고, 발만 진흙밭을 향하는 것이 아니라 머리까지도 진흙밭을 향한다.

잉여에는 '별로 쓸모가 없는' 측면과 '사람들이 그리고 사회가 간과하고 있는' 가능성 또는 기회라는 측면의 두 얼굴이 있다. 미취업 상태는 취업을 하려 해도 취업을 하지 못한 안타까움이 있지만 동시에 모든 진로에 대한 가능성도 함께 있다. 취업이 아닌 자영업을 선택할 수도 있고, 같은 취업을 하더라도 급여나 안정성이 아닌 보람, 삶의 질 또는 몇 년 후 독립해 자기 일을 하는 데 도움이 될 수 있는지 등으로 직장 선택의 기준을 바꿀 수 있다.

무기력한 상황도 마찬가지다. 정신없이 일에 쫓기는 대부분의 직장인은 365일 중 자신의 삶을 돌아보고 어떻게 살 것인가를 깊이 생각하는 시간을 제대로 갖지 못한다. 인생은 대체로 냉탕 아니면 열탕이다. 온탕이 없다. 자의든 타의든 시간이 넘치는 때가 있다면 그것은 자신의 삶을 찬찬히 들여다볼 수 있는 모처럼의 기회다. 도저히 더 이상 참기 어려울 정도로 무기력해봤다 싶으면 이제 몸을 세워 깊은 대화를 나눌 수 있는 한 권의 책을 마주하는 것도 괜찮다. 스스로를 북돋아야 한다. 삶은 살아내는 것이지 그냥 저절로 살아지는 것은 아니기 때문이다.

이상과 현실의 괴리? 인간은 처음부터 모순적 존재이자 위대한 존재다. 모순적 존재인 까닭은 동물적 속성인 육체에다 신적 속성인 이성을 붙여놓았기 때문이고, 위대한 존재인 까닭은 그런 동물적 속성도 가진 불완전한 존재가 끊임없이 신적 영역을 넘보며 완전을 꿈꾸기 때문이다. 동물에게는 현실만 있을 뿐 이상이라는 것이 없다. 신에게는 처음부터 완전한 이상세계만이 존재한다. 따라서 동물은 오로지 현실에 적응할 뿐이고, 신은 더 이상 추구하고 노력할 여지가 없어 그냥 그대로 무료하게 멈춰 있을 뿐이다. 즉 동물과 신에게는 위대해질 기회 자체가 처음부터 주어지지 않는다. 오로지 인간만이 위대해질 수 있다. 이상과 현실의 갈등이 없는 자, 그는 동물이거나 신이거나 혹은 인간이기를 포기한 존재일 뿐이다.

'긍정의 잉여'에는 '사람들이 그리고 사회가 간과하고 있는' 그 무엇이 있다. '가능성'과 '기회'의 씨앗이다. 무엇이든 해볼 수 있는 가능성, 도약할 수 있는 가능성, 위대해질 수 있는 가능성.
이상처럼, 공자처럼 그리고 기어코 삶을 살아낸 지금까지의 수
많은 사람들처럼.

02

빌런
단순한 나쁜 놈과 매력적인 악당의 차이

'빌런'은 라틴어 '빌라누스(villanus)'에서 나온 말이다.
'빌라누스'는 고대 로마의 '빌라(villa)'에서 일하는 농노들을 가리키는 말이었다.
그런데 이 빌라누스들이 귀족과 상인들의 차별과 빈곤에 시달리다 못해
이들의 재산을 약탈하고 폭력을 휘두르는 사건을 일으켰다.
이후 '빌라누스'는 '악당'을 나타내는 의미로 바뀌게 되었다.

'빌런(villain)'이 SNS 유행어로 쓰이는가 싶더니 이제는 언론 기사에도 공인(?) 용어로 등장하기 시작했다. 지하철에서 마스크를 제대로 쓰지 않은 승객에게 지하철 보안요원이 마스크를 올바르게 쓰라고 하자 승객이 보안요원에게 욕설과 함께 주먹을 휘두른 사건에 기자는 '코로나 빌런 백태'[1]라는 제목을 달았다. TV 프로그램 〈정글의 법칙〉에 출연해 인간적 허당 매력을 보여준 전 프로야구 선수 김태균을 가리켜 기자는 '허당기+빌런 최고 활약'이라 적었다.[2]

SNS상에서 '빌런'의 쓰임새는 당연히 훨씬 더 다양하고 빈도도 높다. 마스크 빌런, 독서실 빌런, 술집 빌런, 오피스 빌런, 골목 빌런, 플렉스 빌런, 섹시 빌런, 개그 빌런, 치킨 빌런, 갬성 빌런, 커피 빌런, 냉면 빌런, 얼죽아 빌런, 얼죽코 빌런, 카페 빌런 등등이다. 이 세상 그 어떤 말도 '빌런'으로 꾸밀 수 없는 말이 없는 듯하다. '빌런'을 뒤에 갖다 붙이기만 하면 그 순간 바로 '빌런 어족(語族)'이 된다.

'빌런'의 의미는 상반되면서도 또 어딘가 서로 뜻이 통하기도 하는 두 가지와 둘 사이의 경계선상 의미, 셋으로 나뉜다. 먼저, 영어 '빌런(villain)'의 원래 뜻인 '악당' 의미 그대로이고, 다른 하나는 긍정적 차원의, 평범한 것과는 좀 다른 '괴짜'의 의미다. 그리고 둘 사이 경계선상에, 악당은 악당이되 치명적 매력을 지닌 '미워할 수 없는 악당' 정도의 제3의 의미가 있다.

원래 '빌런'은 라틴어 '빌라누스(villanus)'에서 나온 말이다. '빌라누스'는 고대 로마의 '빌라(villa)'에서 일하는 농노들을 가리키는 말이었다. 그런데 이 빌라누스들이 귀족과 상인들의 차별과 빈곤에 시달리다 못해 이들의 재산을 약탈하고 폭력을 휘두르는 사건을 일으켰다. 이후 '빌라누스'는 '악당'을 나타내는 의미로 바뀌게 되었다.[3]

고대 로마의 자유 시민들은 도시생활과 전원생활 양쪽 모두를 즐겼다. 호사스럽냐 소박하냐의 차이가 있을 뿐 로마 시민 대부분이 전원에 별장을 소유하고 있었다. 바로 '빌라'였다.[4] 그런데 당시 최고 기득권층인 원로원 의원들은 농장 경영 이외 다른 경제활동이 금지되어 있었다. 그리고 이때 정치에 바쁜 원로원 의원들을 대신해 빌라 농장의 경영과 노동을 담당했던 이들이 바로 노예들이었다.

노예 하면 사람들은 흔히 17세기 이후 아메리카 대륙의 플랜테이션 노예들을 머리에 떠올린다. 그러나 고대 로마 시대 노예들의 역할이나 대우는 이들과 크게 달랐다. 의사, 장인, 예능인, 교사, 농장 관리, 가사 노동 등 고대 로마 사회의 직접적인 생산활동을 담당했던 이들이 바로 이 노예계급이었다. 오늘날 일반 직장인의 역할과 별 차이가 없었다. 차이가 있다면 일신에 대한 자유가 없어 자신의 운명을 스스로 결정할 권리가 없는 정도였다.[5] 추수감사절 격인 사투르날리아 제사 때는 노예들도 주인과 나란히 한 식탁에 앉아 음식을 먹을 권리가 주어졌고,[6] 해방 노예라는 제도가 있어 돈을 모아 자유를 사 일반 시민으로 신분을 전환할 수도 있었다.[7]

따라서 영화 〈스파르타쿠스〉를 통해 우리에게 각인된 그런 대규모 노예반란은 사실 매우 드물었다. 대규모 노예반란은 BC 73년의 스파르타쿠스 반란이 있기 전, BC 135년과 BC 104

년에 있었던 농민 반란 두 차례 정도였다. 두 차례 모두 로마의 주요 식량 공급처였던 시칠리아의 대규모 농장에서 발생했다.[8] 같은 노예라 할지라도 전문지식을 활용하는 의사나 교사 등에 비해 농장 노동이 훨씬 힘들었으리라는 것은 지금 생각해도 그리 어렵지 않게 짐작해볼 수 있다. 농장에서 생산을 담당하는 농노를 일컫던 고유명사 '빌라누스'가 '악당'이라는 의미의 '빌라누스'로 바뀌게 된 계기는 아마 이 무렵 즈음이 아닐까 싶다.

* * *

그렇다면 '괴짜'와 '미워할 수 없는 악당'이라는 '빌런'의 두 번째, 세 번째 의미는 어떻게 해서 나오게 된 것일까?

먼저, TV 드라마에 악인이 전혀 등장하지 않는다면 어떻게 될까? 그 드라마는 바닥 시청률로 지지부진하다 조기 종방으로 막을 내릴 가능성이 높다. 영화나 연극, 소설 모두 마찬가지다. 주요 역할에 '나쁜 놈'이 없다면 흥행이 쉽지 않고, 장안의 종잇값이 올라갈 가능성이 낮다. 신화나 전설, 종교에서도 악인은 필수다. 선하고 정의로운 주인공이 등장하고 이런 주인공과 선명히 대비되는 악인이 반드시 뒤따른다.

픽션의 세계에서 필연적으로 악인이 존재하는 이유는 분명하다. 먼저, 거의 갈등 구조 자체가 존재 이유인 픽션의 세계에서 그 갈등 구조 중 가장 보편적이면서도 선명한 것이 바로 선과 악의 대결이다. 흥미 유발 또는 지속적인 관심 유지의 핵심 수단이자 원천이 갈등과 긴장이고, 그 갈등과 긴장은 주로 선과 악의 짱짱하고도 숨막히는 치열한 대결에서 비롯된다.

두 번째로, 악인은 '선하고 정의로운' 주인공을 더욱더 선명하게 '선하고 정의로운' 존재로 돋보이게 한다. 촛불은 환한 대낮에는 별 존재 의미가 없다. 어둠 속에 있어야 촛불은 비로소 본연의 역할을 다할 수 있다. 소설이나 드라마 속 나머지 등장인물들도 모두 선한 이들뿐이라면 주인공은 그저 그런 여러 선한 이들 중 한 사람(one of them)에 그칠 뿐이다. 두드러질 일이 없다. 정반대 캐릭터의 센 '나쁜 놈'이 있어 온갖 어려움을 헤치고 그 나쁜 놈을 가까스로 이겨내는 과정에서 주인공은 비로소 진짜 주인공으로 우뚝 선다. 따라서 주인공이 주인공이게 하는 데 있어 악한 존재는 필수불가결하다. 이런 점에서 최소한 픽션의 세계에서만은 나쁜 놈이 주인공에게 가장 유익한 최고의 도우미다.

세 번째로, 픽션에서 선악 구도상 볼거리, 재밌거리를 풍부하게 제공하는 캐릭터는 일반적으로 주인공이 아니다. 악한 존재다. 선하고 정의로운 행위에는 대체로 뻔한 모범답안이 정해져 있다. 창작자가 머리를 쥐어짜면서 온갖 상상력을 발휘해도 픽션 소비자들의 예측을 넘어서는 참신한 '선하고 정의로운 행위'를 보여주기 쉽지 않다. 반면 악한 행위는 그야말로 버라이어티 그 자체다. 기본적으로 따로 정해진 '모범 악행'이 있을 수 없다. 이 세상 사람 수만큼이나 무한대의 악행이 있을 수 있다. 창작자가 주인공의 세부적 역할과 캐릭터 설정에 상당한 주의를 기울이지 않으면, 자칫 주인공이 들러리가 되고 나쁜 놈이 주인공이 되는 주객전도가 일어날 수 있다. 실제 현실에서 모범생이 대체로 재미없고 따분한 존재이듯, 픽션의 영역 역시 선하고 정의로우면서 동시에 매력 철철 넘치는 그런 캐릭터를 만들기 쉽지 않다. 영화나 드라마에서 못된 역할을 하는 악역이 의외로 주인공보다 더 인기를 끄는 경우가 많은 것은 바로 이 때문이다. 그리고 그런 이유가 '악당' 의미의 '빌런'이 평범한 사람과는 다른 흥미로운 '괴짜' 또는 악당은 악당이되 치명적인 매력의 '미워할 수 없는 악당' 정도의 의미로까지 확장된 배경이라 할 수 있다.

선과 악이 대결하는 픽션에서 사람들은 마땅히 '정의'를 추구하는 선의 편을 들지만, 흥미가 끌리는 쪽은 자연스럽게 볼거리·재밋거리를 다양하게 제공하는 '악당' 쪽이다. 거기에 악역의 전지적 문제 해결 능력이나 용모, 센스 등 치명적 매력까지 더해지면 이제 악당은 더 이상 악당이 아닌 '거부할 수 없는 나

뿐 남자(또는 나쁜 여자)' 또는 최소한 흥미로운 '괴짜'가 된다.

신조어 '빌런'을 즐기는 이들의 관심은 당연히 '악당' 빌런보다는 '괴짜' 빌런이나 '거부할 수 없는 나쁜 남자' 빌런이다. 악당 빌런은 그냥 악당 그 자체로, 증오·분노·경멸의 대상일 뿐 즐길 대상이거나 즐거움을 주는 존재는 아니기 때문이다.

'얼죽아 빌런'은 '얼어 죽어도 아이스커피'만 찾는 '괴짜'를 말한다. 얼죽아 빌런에게 커피는 계절 관계없이 춥거나 덥거나 일편단심 아이스커피 직진이다. 어떤 이는 얼죽아 현상을 이열치열(以熱治熱)에 빗대어 이한치한(以寒治寒)으로 격조 있게 설명하기도 한다. 얼죽아 빌런은 그런 꽤나 품격 있는 점잖은 이유 대기나 나름 합리적 논리 따윈 단호히 거부한다. 굳이 그들에게 얼죽아 빌런이 된 이유나 논리가 있다면 그것은 평범하기 싫다는 것, 그냥 나답게 살겠다는 것 정도다. 그뿐이다.

얼죽아 빌런 사촌쯤으로 '얼죽코 빌런'이 있다. 수은주가 영하 10도 이하로 내려가 당장 '얼어 죽더라도 오로지 코트만 입겠다'는 이들이다. 패딩은 절대로 거부하겠다는 입장이다. 눈보라가 사정없이 내리치는 영하 날씨에는 가성비를 고려하지 않더라도 당연히 패딩이다. 패딩이 옳다. 그런데 패딩은 나를 나답게 연출하는 것은 물론 남과 나를 구분할 수도 없게 만든다. 검은색 롱 패딩을 겨울 교복처럼 챙겨입고 왁자지껄 지나가는 중고등학생들의 뒷모습을 보면 사람들이 왜 그것을 '김밥말이 롱패딩' 패션이라 하는지 금방 이해가 간다. 김밥 여러 줄이 세로로 서서 함께 이동하는 모습 그대로다. 누가 누군지 분간할 수 없다. 앞에서 봐도 마찬가지다. 눈·코만 빼꼼히 보이고 부풀어 오른 패딩에 온몸이 가려져 있어 모두 똑같아 보인다. 개성이 없고 개인이 없다. 반면 코트는 그렇지 않다. 코트는 사람 몸을 전체적으로 가리지 않을 뿐만 아니라 색상, 디자인도 다양하다. 코트의 색상과 디자인은 또 하나의 자기 얼굴이고 또 하나의 자기 연출이다.

직접적 또는 간접적으로 끊임없이 추종과 적응하기를 강요하는 현대 사회에서 자기 자신이 살아 숨 쉬고 있음을 확인할 수 있는 수단, 시간, 공간 확보하기가 쉽지 않다. 깨어 있는 시간과 공간의 대부분, 고도로 효율화된 자본주의의 시스템에 자신을 최대한으로 갖다 맞추지 않으면 생존 자체가 위협받기 때문이다. 자신의 존재 확인에 허락된 기회는 생산활동과 생리활동의 좁은 틈 사이 존재하는 약간의 시간과 공간뿐이다. 그리고 그 수단은 몇몇 입을 것, 마실 것을 선택할 수 있는 소박한 권리, 간간이 전투하듯 해치우는 취미활동 정도다. 얼죽코 빌런, 얼죽아 빌런은 결국 규격, 획일, 적응에 대한 거부의 몸부림이다. 별것 아닌 입는 옷, 마시는 음료 하나에서라도 자신이 존재하고 있음을 힘겹게 확인하고자 하는 최소한의 몸짓이다. 규격, 획일, 적응 만능의 안전지대(safety zone)에서 바라본다면 그것은 분명 '괴짜'다.

2002년 발매된 가수 비의 노래 〈나쁜 남자〉는 자신이 나쁜 남자임을 고백하는 남자와 그런 남자를 원망하면서도 사랑의 끈을 놓지 못하는 여자의 애타는 심정을 노래하고 있다. 상대가 자신을 속인 '나쁜 남자'임을 알면서도 끝까지 '나쁜 남자'를 포기하지 못하는 여자의 심리를 무엇으로 설명할 수 있을까?

미워할 수 없는 '나쁜 남자'의 전형은 1830년 프랑스 작가 스탕달이 쓴 소설 《적과 흑》의 주인공 줄리앙 소렐이다. 잘생긴 용모와 좋은 머리를 가졌으나 평민인 목수의 아들로 태어난 줄리앙은 신분 상승을 욕망한다. 그가 생각한 신분 상승의 사다리는 바로 상류층 귀부인에게 접근하는 방식이었다. 일찍이 성당에서 배운 뛰어난 라틴어 실력 등을 바탕으로 시골 도시의 시장 집 가정교사로 들어간 줄리앙은 마침내 시장의 아내인 레날 부인을 유혹하는 데 성공한다. 그러나 곧 염문설이 퍼지고 줄리앙은 가정교사를 그만두고 신학교에 들어가 잠시 몸을 맡긴다. 그리고 시간이 지난 뒤 사제의 추천으로 파리의 권력자인 라 몰 후작의 개인 비서로 들어간다. 줄리앙은 후작의 비서로 있으면서 그의 딸인 마틸드를 유혹해 마침내 그녀를 임신시키기에 이른다. 딸의 혼전 임신을 알게 된 라 몰 후작은 부득이 둘의 결혼을 허락하고 줄리앙의 신분을 귀족으로 올림과 동시에 거액의 재산을 물려줄 것을 결정한다.

그런데 이때 후작의 집으로 한 통의 편지가 날아든다. 줄리앙의 전 연인이었던 레날 부인이 줄리앙과 자신의 관계를 폭로한 편지였다. 줄리앙의 과거를 알게 된 라 몰 후작은 딸과 줄리앙의 파혼을 선언한다. 자신의 치밀한 계획이 완성 직전 무위로 돌아간 것에 분노한 줄리앙은 레날 부인을 찾아가 미사에 참례 중인 그녀에게 권총을 겨눈다. 어깨에 총알을 맞은 레날 부인은 가까스로 목숨을 건지고 줄리앙은 사형선고를 받는다. '나쁜 남자' 줄리앙을 사랑했던 레날 부인 그리고 마틸드는 줄리앙을 살리기 위해 백방으로 노력하지만 결국 실패한다. 줄리앙은 단두대의 이슬로 사라지고 '나쁜 남자' 줄리앙을 사랑했던 여인들은 그를 정성스럽게 장사지낸다. 귀한 신분의 여인들은 '나쁜 남자' 줄리앙을 살아서도 사랑하고 죽어서도 사랑한다.

줄리앙은 '나쁜 남자'였다. 그러나 준수한 용모에 지적이었고 게다가 귀족들에게 적대적이었다. '나쁜 남자' 줄리앙은 고귀한 신분의 여인들에게 뻔한 착한 남자가 아니어서 무료하지 않았고, 준수한 용모와 함께 아는 것이 많아 신선했고, 기본적으로 귀족을 경멸하는 태도를 지니고 있어 여인들에게 도전적이었다. '나쁜 남자'는 여인들에게 이질감, 적대감을 던짐과 동시에 결코 떨쳐낼 수 없는 강력한 호기심과 집착을 유발했다. 그리고 그것은 헤어날 수 없는 치명적 사랑으로 귀결되었다. '나쁜 남자'인 줄 알면서도 고귀한 신분의 여인들이 끝내 줄리앙을 포기하지 못한 이유다. 줄리앙은 글자 그대로 '치명적인 매력을 가진 남자', '옴므 파탈(homme fatale)'이었다.

* * *

새로 만들어지는 유행어의 주된 기능은 시대 상황 반영과 함께 사회를 풍자하는 것이다. 유행어의 역할에 비춰볼 때 단순히 '악당'이라는 의미로 쓰이는 '빌런'은 사실 그다지 흥미롭지도, 적절하지도 않다. 풍자의 재미를 주지 못하는 것은 물론 현실에서의 위법한 행동이나 폭력을 자칫 가십 정도로 가볍게 여기게 할 위험마저 내포하고 있기 때문이다.

코로나19 팬데믹 상황에서 마스크 착용을 제대로 하지 않는 '코로나 빌런'은 주변 사람들의 건강과 생명을 위협하는 나쁜 사람이다. 직장에서 부하 직원들을 권위적으로 윽박지르거나 자기가 져야 할 책임을 남에게 미루는 소위 '오피스 빌런'은 직장 동료 간 화합을 해치는 것은 물론 조직 생산성을 떨어트리는 문제 있는 사람이다. 법을 어기거나 잘못된 행위에는 '빌런' 대신 분명하게 '범법', '인권 침해' 또는 '책임 회피'와 같은 '명확한' 우리말 표현을 사용해야 한다. 그래야지 잘못된 행위의 위법성이나 심각성이 희석되는 일 없이 제대로 전달되고, 그렇게 될 때 사람들은 잘못된 행위에 대해 강력한 질타와 함께 철저한 시정을 요구하면서 동시에 자신들도 반면교사로 삼아 행동을 조심하게 된다. 물론 잘못을 저지른 장본인도 뼈저린 반성과 함께 두 번 다시 그런 행동을 할 엄두를 내지 않게 된다.

섹시 빌런, 치킨 빌런, 플렉스 빌런, 얼죽아 빌런 등 '특정 대상에 집착하는 괴짜' 의미의 '빌런'은 신조 유행어 역할에 충실하다. 시대 상황을 반영함과 동시에 사회를 풍자하고 거기에 유쾌 발랄함까지 더하기 때문이다. 괴짜 빌런은 타인과 사회에 해악을 끼치는 일 없이 오로지 자신에게 집중한다. 이들은 사회의 색깔을 다채롭게 함과 동시에 인간에 대한 이해의 폭을 확장시킨다.

그러나 부작용도 있다. 괴짜 빌런의 심리적 근거는 결국 평범을 거부하고 나답게 살겠다는 것이다. 21세기의 효율성이 강요하는 규격, 획일, 적응을 거슬러 삶의 어느 한 자투리라도 개

성을 심어 자기만의 세계를 만들겠다는 것이다. 그런데 개성 연
출, 자기만의 세계 확보에 대한 무조건적 집착은 더 큰 몰개성,
획일을 부르기도 한다. 타인의 시선을 과도하게 의식해 괴짜 빌
런을 추구하는 이들이 바로 그들이다. 이런 이들에게 괴짜 빌
런은 그냥 일종의 유행이다. 남들이 플렉스 빌런 하니 나도 플
렉스 빌런, 남들이 덕후 빌런 하니 나도 덕후 빌런 하는 식이다.
괴짜 빌런을 추구하는 자기만의 철학이 없다. 유행 또는 타인
의 시선을 의식한 괴짜는 더 이상 괴짜가 아니고 개성도 아니
다. 그냥 유행에 강력하게 포획된 규격과 획일의 노예일 뿐이다.

 '거부할 수 없는 나쁜 남자(또는 나쁜 여자)' 또는 '치명적인 매력
을 가진 나쁜 남자(또는 나쁜 여자)'라는 의미의 '빌런'에서 중심어
는 '나쁜'이 아닌 '거부할 수 없는' 또는 '치명적인 매력'이다. 《적
과 흑》의 주인공 줄리앙은 라틴어 실력이 뛰어나고, 잘생기고,
똑똑하고, 에티켓에 밝고 거기에 귀족들을 경멸하는 패기까지
갖췄다. 굳이 '나쁜 남자'까지 아니더라도(?) 충분히 매력 돋는
멋진 남자다. '나쁜'은 어둠이 촛불을 밝게 드러내는 것처럼 '치
명적인 매력'을 더욱 돋보이게 하는 보조 역할을 할 뿐이다. 나
쁘기만 하고 실력·매력이 전혀 없다면 그것은 그냥 나쁜 놈일
뿐이다. 나쁘지 않고 실력·매력만 있다면 그것은 있는 그대로
멋지다. 나쁜데 실력·매력이 넘친다면 그것은 치명적인 내지는

중독성의 매력이 될 수 있다. 옴므 파탈(homme fatale) 또는 팜므 파탈(femme fatale)의 매력이다. 따라서 혹시라도 '치명적인 매력을 가진 나쁜 남자(또는 여자)'인 '빌런'을 꿈꾸는 이가 있다면 그가 서둘러 할 일은 '나쁜 놈'이 되는 것이 아니고, 마땅히 실력과 매력 갖추기에 매진하는 것이다.

언어는 시대의 거울이다. 똑같은 말도 시대에 따라 의미가 달라지고 때로는 긍정과 부정을 넘나들기도 한다. '빌런'은 중립적 의미에서 부정적 의미로 바뀌어왔고 지금은 긍정적 의미로 진화하고 있는 중이다. 신분제 사회에서 귀족의 대척점인 농노 '빌런'이 부정시된 것은 이상한 일이 아니다. 민주주의 그리고 다양성이 선(善)인 포스트모더니즘(postmodernism) 시대에 빌런이 긍정시되는 것 역시 이상하지 않다. 시대 상황에 따라 색깔을 바꾸는 '빌런'의 변신이 흥미롭고 유쾌하다.

03

인싸&아싸
슬기로운 친교의 기술

인싸는 주변 사람들과 잘 어울려 지내는 사람,
아싸는 무리에 어울리지 못하고 혼자 지내는 사람을 일컫는다.
인싸와 아싸 사이 그 애매한 경계선에 대해 생각해보자.

오랜만에 대학 선후배 모임이 있었다. 대학 졸업 후 처음 보는 얼굴도 있고 짧아도 3년여 만에 보는 얼굴들이었다. 술이 들어가면서 학교 때 이야기로 시작해 근황 이야기로 흘러갔다. 그런데 분위기를 보아하니 나만 오랜만인 듯했다. 대화 내용과 대화에서 드러나는 친숙함과 살가움이 모두 수시로 만나는 사이였다.

은근한 소외감에 옆자리 동기한테 "○○형 자주 만나는 거야?" 하고 목소리를 낮춰 물었다. 그랬더니 동기가 "아니야, 만난 지 10년은 더 됐지"라고 대답했다. 의아해하는 내 표정에 동기가 "야! 이런 자리 나오면 서로 다 친한 척하는 거야"라고 말했다. 잡다한 일상사까지 서로 속속들이 챙기는 사이인 것처럼, 10년 넘게 만에 얼굴을 보면서 마치 어제 만난 것처럼 저렇게 천연덕스럽게 친근감을 나타낼 수 있다니. 그동안 밀린 '친해지기' 숙제를 한꺼번에 해치우고야 말겠다고 작정을 하고 달려드는 듯한 분위기, 사회생활 중 갈고 닦은 슬기로운 '친교의 기술'을 유감없이 시전하고 있는 듯한, 그런 느낌이었다. 자리를 마무리하면서 '친해지기' 숙제가 미진했던 몇몇은 서로 부둥켜안고 볼에 입을 맞추고 상대를 한 번씩 안아 들어올리기도 했다.

선배의 말에서 예전의 그 굳건하고 따뜻했던 울림은 더 이상 느낄 수 없었다. 후배의 눈빛 역시 그때의 도전적이고 맑았던 그 눈빛이 아니었다. 그들은 내가 알던 인간내 풍기는 그 선후배들이 아니었다. 거래처 회식 자리에서 흔히 볼 수 있는 그것이었고, 소극장에서 본 과장된 말과 몸짓의 배우, 그것이었다. 영혼 없는 울림과 인간의 향기가 사라진 사교의 기술로 무장된 상황극 속 배우들이었다. 속이 메스껍고 머리가 아팠다. 2차 권유를 뿌리치고 혼자 먼저 집을 향했다. 그때 갑자기 머리에 떠오르는 것이 있었다. 나는 아싸? 그리고 그들은 인싸?

TV 예능 프로나 직장 회식 자리에서 한동안 꼰대인지 아닌지를 가르는 테스트로 '아싸' '인싸' 그리고 '핵인싸'의 의미를 묻는 경우가 많았다. 한 번 들으면 그 의미가 선명하고, 또 사람들이 모이는 곳이라면 어디든 있는 현상을 나타내는 말이어서 그런지 남녀노소 막론하고 순식간에 유행어가 되었다. 아니 거의 표준어(?)가 되었다.

'인싸'는 '인사이더(insider)'의 줄임말로 '모임에서 사람들과 잘 어울려 지내는 사람'을 의미하고, '아싸'는 '아웃사이더(outsider)'의 줄임말로 '무리와 잘 섞이지 못하고 겉도는 사람' 정도로 정의된다. 그리고 '핵인싸'는 '강력한'이라는 의미의 접두어로 흔히 쓰이는 '핵'과 '인사이더'의 복합어로 '인싸' 중에서도 '강력한 인싸'를 말한다.

이 말들이 빠른 속도로 유행을 타게 된 것은 이들 유행어가 주는 재미 이전에 이 말들이 나타내는 상황이 보편적 사회문제와 관련이 있고, 나아가 개인들의 가치관과도 관계가 있기 때문인 것으로 여겨진다. 보편적 사회문제와 관련이 있다는 것은 무리 안에서 한 사람이 과도하게 아싸로 몰릴 경우 그것이 곧 '왕따시키기'나 '갑질'이 될 수 있다는 이야기다. 그리고 개인의 가치관과 관계가 있다는 것은 사람들이 삶의 의미를 자신의 가치 실현에 두느냐 아니면 타인들과의 원만한 관계 유지에 더 두느냐에 따라 우리나라 현실에서 아싸 또는 인싸가 될 수 있다는 것이다. 왕따시키기나 갑질 문제는 이 자리에서 따지기에 적당치 않다. 그것들은 별도로 좀 더 진지하게 깊이 다루어져야 할 문제들이기 때문이다. 여기에서는 인싸, 아싸를 개인의 가치관과 관련해서 따져보는 것으로 한정한다.

* * *

이 세상에서 아싸가 되길 원하는 사람은 없다. 누구나 다른 사람들과 좋은 관계를 유지하면서 사회적으로 평화롭게 살고 싶어한다. 그러나 자신의 의도와 달리, 살다 보면 자기도 모르는 사이 아싸가 되어 있기도 하고, 때로는 스스로 인싸가 되길 거부하고 아싸를 택해야 하는 경우도 있다. 아울러 인싸·아싸는 일반적으로 공동사회(Gemeinschaft)에서 발생하는 현상이다. 공동사회는 수평적 인간관계이고 그 관계의 기본은 친구다. 따라서 인싸·아싸 문제에서 친구의 의미를 따져보는 것은 우선적으로 필요한 작업이다.

먼저, 자신이 아싸가 되어 있는 경우다. 여기서 아싸가 되었다는 것은 내가 스스로 아싸가 되기를 선택한 것이 아니라 같은 무리의 사람들이 나를 미워하고 기피함으로써 내가 외톨이로 몰린 경우다. 맹자는 다른 사람이 나를 미워하면 "내가 다른 이의 입장을 헤아리지 않지는 않았는지, 내가 다른 이를 배려하거나 양보하지 않지는 않았는지"[1]를 먼저 살펴보라 말한다. 그리고 다른 이의 입장을 헤아리고 그들을 배려했는데도 사람들이 자신을 미워한다면, 그 다음으로 자신이 평소 사람들을 "진심으로 성실하게 대하지 않지는 않았는지"[2]를 점검해보라 한다. 진심으로 성실하게 사람을 대하는 데도 문제가 없었다면, 맹자는 "당신을 미워하는 그자가 정신 나간 자이다. 그런 자는 짐승이나 다름없다. 그런 짐승 같은 자를 탓해 무엇할 것인가"[3]라고 말한다. 또 맹자는 별도로, "남의 입장을 먼저 헤아리는 사람에게는 적이 있을 수 없다"[4]고 말하기도 한다. 현실에서 남을 배려하거나 진심으로 성실하게 대하는 단계까지 가지 않고, 그들의 입장을 헤아리는 것만 잘 해도 남에게 미움 살 일이 없다는 이야기다.

맹자는 내가 무리 속에서 아싸가 되었을 경우 그 상황을 어떻게 바라보고 분석하고 또 대처해야 할 것인가를 매우 구체적으로 설명하고 있다. 아울러 역으로 평소 사람을 대할 때 어떤 태도를 취해야 할 것인가까지 상세히 설명한다. 그리고 그 미움의 원인이 내가 아닌 그들에게 있을 경우 그들을 아예 상종하지 말 것을 권한다. 물론 거기까지 가기 전에 자신이 반성하고 고쳐야 할 부분이 있다면 당연히 먼저 그것부터 해야 한다.

다음으로 살펴볼 것은 인싸가 되길 거부하고 아싸의 길을 선택해야 하는 경우다. 인간관계에 대해 자공이 "마을 사람들이 모두 그를 좋아하면 어떻습니까?"라고 묻자 공자는 "그것은 옳지 않다"라고 대답한다. 자공이 "마을 사람들이 모두 그를 미워하면 어떻습니까?"라고 다시 묻자, 공자는 "그것도 옳지 않다. 마을 사람 중 착한 이들은 그를 좋아하고 착하지 않은 이들은 그를 좋아하지 않는 것만 못하다"[5]라고 말한다. 공자는 모든 사람들로부터 좋은 사람이라는 말을 듣거나 또 모든 사람들로부터 미움을 받는다면 그것은 적절치 않다고 말하고 있다. 내 행동이 옳다면 착한 이들은 좋아하고 착하지 않은 이들은 싫어해야 맞고, 내 행동이 그르다면 착한 이들은 나를 싫어하고 착하지 않은 이들은 나를 좋아해야 맞다는 것이다. 착한 사람, 착하지 않은 사람 모두가 나를 좋아하거나, 또 모두가 나를 싫어한다는 것은 결국 내가 어느 한쪽에 대해서는 거짓 행동을 하고 있다는 이야기다.

내가 속한 무리의 다수가 옳다면 그때는 당연히 인싸가 되려 해야 한다. 그들과 친구가 되어야 한다. 그러나 무리의 다수가 옳지 않다면 그때는 기꺼이 자발적으로 아싸의 길을 걸어야 한다. 무리의 다수가 옳지 않을 때는 현실이 만만치 않더라도 아싸의 길을 선택하는 것이 자신의 존재 의미이고 궁극적으로는 그 공동체도 사는 길이기 때문이다. 이 경우 사필귀정으로, 시간이 지나면 결국 아싸가 인싸가 되고 인싸가 아싸가 되는 때가 온다. 누군가는 그 단초를 만들어야 한다. 이때의 아싸는 위대하다.

* * *

인싸·아싸는 기본적으로 수평적인 인간관계에서 발생한다. 그리고 그 관계의 기본은 친구다. 따라서 수평적 인간관계에서 인싸와 아싸를 정하는 특정 존재가 있을 수 없다. 그리고 기준도 그렇다. 기준이 있다면 다수에 속하느냐 소수에 속하느냐의 문제가 있을 뿐이다. 다수에 속하면 인싸고 소수에 속하면 아싸다.

그런데 현실에서는 인싸와 아싸를 정하는 존재가 있는 경우가 많다. 평등한 공동체여야 하지만 특정인을 중심으로 영향력이 형성되어 있는 경우가 적지 않기 때문이다. 영향력의 근거는 그 공동체의 목적과는 아무 관련이 없는 사회적 지위라든가 재산이라든가 말재주라든가 완력과 같은 것들이다. 인싸·아싸와 관련해 영향력의 근거로 공동체 안에서의 기여, 리더십, 인품 또는 자기희생과 같은 것들을 들지 않는 이유는 이런 것들을 배경으로 하는 이라면 애초부터 공동체 구성원을 인싸·아싸로 편가르기 따위를 할 리가 없기 때문이다.

니체(Friedrich Wilhelm Nietzsche, 1844~1900)는 "그대는 노예인가? 그렇다면 그대는 벗이 될 수 없다. 그대는 폭군인가? 그렇다면 그대는 벗을 가질 수 없다"[6]라고 말한다. 니체의 메시지는 분명하다. 불평등한 관계에서는 친구가 될 수 없고, 친구라면 마땅히 평등한 관계여야 한다는 것이다. 친구 모임에서, 동호인 모임에서 행동이든 마음이든 어느 특정인의 노예가 되어 있다면 당신은 이미 그의 친구도 아니고 동호인도 아니다. 동창회에서, 동호인 활동에서 자신의 생각을 일방적으로 다른 이들에게 강요하는 이가 있다면 그런 이는 폭군 몰아내듯 쫓아내야 한다. 니체가 그렇게 말하고 있다.

공자는 말한다. "학문을 하면서 친구를 사귀고, 친구와의 교제를 통해 다른 사람의 입장을 헤아리는 법을 배운다"[7]라고. 친구는 서로의 성장을 돕는 존재이지 상대를 억압하는 것은 물론 그냥 하릴없이 함께 시간을 보내는 그런 존재가 아니라는 이야기다. 때로는 친구에게 고통을 줄 수 있다. 그러나 그 고통은 '왕따시키기'와 같은 인간 존엄성을 파괴하는 그런 고통이 아니다. 니체는 말한다. "그대에게 고통받는 친구가 있다면, 그대는 그의 고통이 쉴 수 있는 휴식처가 되도록 하라. 그러면서도 딱딱한 침대, 야전 침대가 되도록 하라. 그래야만 그대가 그에게 가장 필요한 자가 될 것이다. 그리고 벗이 그대에게 악행을 저질렀을 때는 이렇게 말하라. '나는 그대가 내게 한 행동을 용서한다. 하지만 그대가 그대 자신에게 악행을 했다는 것, 이것을 내가 어떻게 용서할 수 있겠는가!'"[8]라고. 친구에게 고통을 줄 수 있다. 그러나 그 고통은 친구 괴롭히기가 아닌 선한 방향으로 유도하기 내지는 자극 주기에 한해서다. 친구에게는 절대 동의, 위로, 따뜻한 말만 필요한 것이 아니다. 그것들과 함께 자극도 필요하다. 그래서 니체는 당신은 상처받고 지친 친구를 위한 침대가 되어야 하지만 동시에 그 친구가 잠시의 휴식 후 다시 일어설 수 있도록 딱딱한 침대가 되어야 한다고 말하고 있다.

그렇다면 좋은 친구는 구체적으로 어떤 친구일까? 공자는 친구를 유익한 친구 셋, 해를 끼치는 친구 셋으로 구분한다. 먼저 유익한 친구는 '정직한 친구, 성실한 친구 그리고 지혜로운 친구'다. 그리고 해를 끼치는 친구는 '겉모양새에 치중하는 친구, 눈치를 살피며 남의 비위 맞추기를 잘하는 친구, 말만 많고 아는 것은 별로 없는 친구'[9]다. 친구 사귀기의 전제는 '좋은 친구'이지 '많은 친구'가 아니다. 나쁜 친구는 멀리할 사람일 뿐 친구에 해당하지 않는다. 내가 상대방의 입장을 헤아리고, 배려하고, 정성을 다했는데도 나를 미워하고 아싸로 내모는 이가 있다면 필경 위의 겉모양새에 치중하고, 남의 비위 맞추기에 능숙하고, 말을 앞세우는 그런 친구일 것이다.

*　*　*

인싸·아싸의 문제는 결국 개인의 가치관 문제로까지 연결된다. 세상을 어떻게 살 것인가? 어떻게 사는 것이 가장 잘 사는 것일까? 그것은 바로 가장 인간적으로 사는 것일 것이다. 그렇다면 인간적으로 산다는 것은 무엇일까? 니체는 묻는다. "그대는 새로운 힘이며 새로운 권리인가? 최초의 움직임인가? 스스로의 힘으로 돌아가는 수레바퀴인가? 그대는 또한 별들을 강요하여 그대 주위로 돌게 할 수 있는가?"[10]라고.

니체가 의문체로 '인간적으로 사는 것'을 설파하고 있다면, 니체보다 1,000여 년 앞서 살았던 임제 스님은 설명체로 간결하게 말한다. "어디를 가든 주인되게 행동하면 그 머무는 곳이 곧 참된 세상이 될 것이다"[11]라고.

니체, 임제 두 사람의 메시지는 간단명료하다. 우주의 중심은 그 누구도, 그 무엇도 아닌 바로 당신 자신이라는 이야기다. 자유의지를 가지고 자신의 주인이 되어 스스로 판단하고, 판단에 따라 행동하고, 그리고 그 행동의 결과에 대해 스스로 책임을 지는 것이 '인간적으로 사는 것'이라는 것이다.

칸트(Immanuel Kant, 1724-1804)는 인간의 속성이 '동물성', '인간성' 그리고 '인격성'으로 이루어졌다고 말한다. 그리고 '동물성'은 '자기생존', '종족 번식' 그리고 '무리 지어 함께하려는 욕망'[12]이라 말한다. 이름처럼 우리는 '동물성'에 가까워질수록 개나 돼지와 유사해진다. 그리고 그 반대인 '인격성'으로 갈수록 신에 가까워진다. 인싸·아싸는 사람들과 어울리는 과정에서 일어나는 현상이다. 그리고 사람들과 어울리고자 하는 '무리 지어 함께하려는 욕망' 그 자체는 인간의 세 속성 중 '동물성'에 해당한다. 사람은 다른 이들과 함께 어울리지 않고는 살 수 없다. 그러나 그렇다고 해서 다른 이들과 어울리는 데 과도하게 집착하는 것은 칸트의 말대로 '동물적'이다.

인간에게 '자유의지'는 축복인 동시에 고통이다. '자유' 자체는 축복일 수 있겠지만 그 '자유하는 과정'은 '고독'이고, '자유의 결과'에는 언제나 '책임'이 기다리고 있기 때문이다. 책임과 고독이 두려워 노예가 되길 자청하고 아싸가 되길 주저할 수는 없다. 그것은 결국 인간이길 포기하는 것이니까. '다수는 인싸 소수는 아싸'인 것은 동물 세계에서의 절대법칙이다. 동물의 왕국에서는 언제나 예외 없이 그렇다. 인간 세상의 인싸·아싸 법칙은 마땅히 다르다. 인간답게 사는 것이 인싸이고, 동물 세계로 삐져나가는 것은 아싸다. 자유하라! 그러므로, 인싸하라!

04

라떼

무례한 친근감은 사양합니다

성공지향 세대가 '라떼'라면 행복지향 세대는 '그란데'다.
성공지향 세대가 '나일리지(나이+마일리지)'라는
연륜 만능주의를 앞세워 자기 방식을 강요한다면,
행복지향 세대는 '그런데요(그란데)' 하고 이의를 제기하면서
민주적으로 토론할 것을 요구한다.

직장 상사에게 'Latte is a horse'의 의미를 물었을 때 "라떼는 한 필의 말이다"라고 해석한다면 그 상사는 '꼰대'에 해당하고, "라떼는 말이야"라고 바로 해석을 하면 그 상사는 '선배'에 해당한다고 한다. '라떼' 전성시대다. 갑자기 '라떼'가 여기저기 뜬금없이 소환되고 있다. 급기야 '라떼는 말이야'라는 제목의 노래가 등장하고, 또 같은 이름의 과자도 등장했다. 여기서 '라떼'는 사람의 미각을 즐겁게 해주는 커피 '라떼'가 아니다. '꼰대'의 전형적 상투어 "나 때(라떼)는 말이야"의 그

'라떼(나 때)'다. 직장에서 나이 먹은 상사가 습관적으로 "나 때는 말이야"라고 말하는 것을 비슷한 발음인 카페라떼의 '라떼'에 빗대어 풍자한 말이다. 따라서 '라떼'는 '꼰대'를 의미하고, '꼰대'는 곧 '라떼'와 동의어다.

* * *

'꼰대' 또는 '라떼' 문제의 핵심은 기본적으로 권위주의와 노파심이다. 권위주의에서는 사람 관계를 수평이 아닌 수직적 관계로 인식한다. 민주주의 사회에서는 나이가 많든 적든 성인이면 모두 같은 수평 관계다. 같은 성인 사이라면 나이가 많다는 이유로 상대방에게 존중을 요구하거나, 나이가 적다는 이유로 상대방에게 자신의 책임 경감을 요구할 수 없다. 그것은 성인과 미성년자 사이에서 있을 수 있는 일이지 성인 간에는 해당 사항이 없다.

직장에서의 상사와 부하는 권한과 책임 관계에 있어 업무적으로 수직 관계다. 부하는 상사로부터 권한을 위임받고 동시에 그만큼의 책임도 수임한다. 그리고 상사는 위임자인 만큼 수임자인 부하에게 업무를 지시하고 위임한 권리만큼 책임을 물을 권한을 갖는다. 따라서 근로계약과 회사 내부규정을 어기는 것이 아니라면 상사는 부하 직원에게 전쟁 또는 전염병이 도는 지역에서의 근무도 지시할 수 있다. 그러나 근로계약과 회사 규정을 벗어난다면 바로 눈앞 테이블 위의 커피잔 치우는 것도 강요할 수 없다. 직장에서 상사·부하의 수직 관계는 오직 업무 범위에 한해서다. 업무를 벗어나면 아침 출근 때 지하철 옆자리에 앉은 사람과의 관계처럼 완전히 평등한 수평적 관계다. 물론 당장이라도 근로계약을 해지하면 그 순간 양자 간 업무적 수직 관계도 바로 해지된다.

상사의 '꼰대'적 권위주의는 업무에서 항상 자신이 옳다고 확신하거나, 업무를 벗어난 영역에서까지 부하를 수직 관계로 인식하려는 행동으로 나타난다. 상사의 판단이 언제나 부하들보다 더 나으리라는 보장이 없고, 당연히 완벽할 수도 없다. 편견과 실수가 있을 수 있다. 그리고 무엇보다 판단의 전제인 환경이 급변하고 있다. '아는 길도 물어 가라'는 경구는 지금처럼 변화가 빠른 때일수록 새겨야 할 내용이다. 상사와 부하는 회사와의 근로계약을 통한 업무적 위·수임 관계일 뿐이다. 업무적 위·수임 관계에 상사가 부하의 인격을 무시해도 된다거나 프라이버시를 침해해도 된다는 내용은 당연히 없다.

노파심(老婆心)은 '노파(老婆)'의 '마음(心)'처럼 필요 이상으로 남의 일을 걱정하고 염려하는 마음이다. 노파심은 흔히 필요 이상으로 길고 상세하게 말하거나, 요청하지도 않은 것까지 가르치고 간섭하려 들거나, 했던 말을 몇 번이나 반복하는 행동으로 나타난다.

　따라서 노파심의 의도는 대체로 선(善)이지만, 그 결과는 받아들이는 사람에 따라 선이 될 수도 있고 악이 될 수도 있다. 연륜(年輪)은 한자 의미인 '나이테' 그대로, 해가 가면서 쌓이는 것이다. 쌓이는 것은 경험이고, 일과 관련된 경험의 구체적 의미는 바로 예상하기 쉽지 않은 예외적 상황에 대한 기억들이다. 상사가 말이 길어지거나 요청하지 않은 것까지 설명하려 드는 것은 대체로 바로 이런 예외적 상황까지 모두 말해주고야 말겠다는 욕심 때문이다. 자신은 호의지만 상대가 원하지 않는다면 그것은 선이 아닌 악이다. 말을 줄여야 된다. 그리고 물론 그런 예외적 상황의 발생으로 일에 문제가 생겼을 경우 그 결과에 대해서는 위임받은 만큼 부하의 책임이다. 물론 상사 역시 이때 직제상 자신에게 돌아오는 책임을 일단은 피할 수 없다. 노파심 중 특히 똑같은 말을 몇 번이나 반복하는 현상은 기억력의 문제이거나 그야말로 노파심 중의 노파심이다. 기억력 문제가 아니라면, 전형적인 '꼰대'이고 '라떼' 현상이다.

라떼 또는 꼰대 현상은 상사의 적절치 못한 행위 때문에 발생하기도 하지만, 근본적으로는 세대 간 사고방식과 행동양식 차이에서 비롯된다. 사람들의 사고방식과 행동양식은 성장기 환경에 크게 영향받는다. 20세기는 세계사적으로도 그랬지만 우리나라는 특히 격동기였다. 전반과 중반기는 일제 강점기와 민족상잔이 벌어진 암울하고 참혹한 시기였고, 후반기 상당 기간은 경제의 고도성장과 함께 노동과 인권, 민주주의가 질식당하는 시기였다. 따라서 세대별로 성장환경이 크게 차이 날 수밖에 없다.

세대를 크게 구분하면, 1920~1940년대생은 생존이 삶의 절대목표인 '생존지향 세대', 1950~1970년대생은 고도 경제성장과 함께 개인의 성공을 중요 가치로 생각한 '성공지향 세대' 그리고 1980~2000년대생은 축적된 경제성장과 민주화의 바탕에서 자기 행복을 지향하는 '행복지향 세대'로 구분된다.

생존지향 세대에게는 죽느냐 사느냐가 관건이었다. 일제 강점기와 건국 초기의 혼란, 6·25 민족상잔 속에서 죽임을 당하지 않고, 굶지 않고, 목숨을 부지하는 것이 이 세대 삶의 절대목표였다.

성공지향 세대에게는 대체로 개인적 성공이 최대 관심사였다. 그리고 그 성공의 기준은 사실 그다지 대단한 것은 아니었다.

바로 넥타이를 메고 사무실에서 일을 하면서 자기 집을 마련해 안정적인 삶을 사는 것이었다. 부모 세대의 한 맺힌 결핍이 자식 세대의 성공 인식에 그대로 반영된 것이었다. 부모 세대의 염원이 담긴 성공의 첨경이자 유일한 통로는 소위 명문 대학에 들어가는 것이었다. 그리고 명문 대학에 들어가는 것은 곧 안정적인 직장의 확보를 의미했고, 고성장 시대에 안정적인 직장에 들어가는 것은 요람에서 무덤까지 평생의 평안한 삶이 보장되는 것을 의미했다. 그래서 대한민국 대다수 가정이 '자식 대학 보내기'에 있는 자원 없는 자원 모든 것을 동원해 총력전을 펼쳤고, 자식들은 부모의 염원을 받들어 머리를 싸매고 공부에 매달렸다. 명문 대학 합격은 말 그대로 등용문(登龍門)이었다.

행복지향 세대는 수십 년간 축적된 산업화와 민주화 성과의 세례를 받고 성장한 세대다. 대체로 물질적 절대결핍을 경험한 일이 없고, 가정이나 학교에서 앞 세대보다 훨씬 민주적인 환경에서 자랐고, 형제가 없거나 있어 봤자 하나 정도다. 인간은 기본적 욕구가 충족되면 더 높은 욕구 단계인 자기실현을 추구한다. 그리고 자기실현은 결국 자기 방식의 행복 추구다. 따라서 행복지향 세대의 주요 관심은 나답게 살기, 워라밸, 소확행, 욜로(YOLO: You Only Live Once), 카르페디엠(carpe diem)과 같은 자기만의 행복 추구다.

그러나 축적된 산업화, 민주화 성과의 세례를 받고 자란 세대라 해서 모든 것이 축복일 수만은 없다. 고도 경제성장기의 종말이 그들을 슬프게 했다. 인간은 타인과의 비교뿐만 아니라 과거와의 비교를 통해 만족을 느끼는데, 고도 성장기의 종말은 물질적 풍요의 지속적 향상을 더 이상 기대할 수 없게 했다. 그리고 여기에 산업의 인공지능화가 더해지면서 일자리가 급격하게 줄어들었다. 절대빈곤과는 거리가 먼 세대지만 동시에 직장 잡기는 최악의 상황이 되었다.

현재 경제활동의 중추는 성공지향 세대와 행복지향 세대다. 성공지향 세대는 자기확신이 강하다. 전후 베이비붐 세대로 치열한 경쟁을 뚫고 살아오면서 지금 이 자리에 이르기까지 자신의 노력으로 모든 것을 일구어왔다는 자부심에 근거한 자기확신이다. 거의 무에서 유를 만들어냈다는 자부심이다. 반면에 행복지향 세대는 자기애가 강하다. 물질적 절대결핍을 경험하지 않은 이 땅 최초의 세대로, 적은 형제 속에서 가정에서나 학교에서나 민주화된 환경에서 자라 개인주의 성향과 함께 자기주장이 강하다.

성공지향 세대 입장에서 볼 때 행복지향 세대는 지나치게 개인주의적이고 자기주장만 앞서고 유약하다. 자기 세대는 개인보다 조직을 우선하고 과제가 주어지면 이의 다는 일 없이 일단 시도부터 하고 보는데, 행복지향 세대는 개인을 우선해 과제가 주어지면 안 되는 이유부터 먼저 찾고 또 도중에 쉽게 포기하는 등 무책임하다고 생각한다. 행복지향 세대 입장에서 성공지향 세대는 비민주적이고 불합리하다. 지나친 자기확신으로 독선적이거나 강압적이고 그리고 직장은 어디까지나 개인의 행복과 가족의 생계라는 목적을 위한 수단인데 수단과 목적을 혼동하고 있다. 이런 근본적인 간극 속에서 성공지향 세대의 입에서는 "나 때는 말이야"라는 말이 나올 수밖에 없고, 행복지향 세대의 입에서는 "그런데요"라는 말이 나오지 않을 수가 없다.

성공지향 세대가 거의 무에서 유를 이룬 것은 맞다. 가난을 벗어나고자 온갖 노력을 다해 지금의 자리에 이른 것도 맞다. 그러나 세상 일은 결코 개인의 노력만으로 이루어지지 않는다. 성공지향 세대, 즉 1950~1970년대생은 고도 성장기(1970~1999년: 우리나라 연평균 경제성장률 8.6퍼센트)에 사회생활을 한창 하거나 시작한 세대다. 경제성장의 과실은 그 세대 국민들에게 그대로 분배된다. 기업 조직은 확장되고 개인의 부는 쌓인다. 성공지향 세대의 회사 내 지위, 개인의 부 중 일부는 바로 시대를 잘 만난 덕분이라는 이야기다. 성공지향 세대의 자기확신과 자부심의 근거 일정 부분 역시 당연히 본인 개인의 노력이 아닌 시대의 과실(果實)이라는 이야기다.

행복지향 세대는 많은 것을 갖춘 세대다. 일단 글로벌 세대다. 영어 구사가 상당히 자유롭고 외국 생활이나 이(異)문화 경험이 많아 세계시민적 소양을 갖추고 있다. 거기에 어릴 때부터 컴퓨터를 가지고 살아 온라인과 모바일 사용이 익숙하고 자연스럽다. 신기술에 대한 두려움이 없다. 성공지향 세대가 회사에 입사할 때 주요 시험 과목이 상식과 영어였던 것을 떠올리면, 지금의 행복지향 세대는 엄청난 실력과 소양을 갖추고 있는 셈이다. 행복지향 세대 입장에서는 억울할 수밖에 없다. 시대를 탓하는 것 외에 다른 수가 없다.

과학사학자 토머스 S. 쿤(Thomas Kuhn, 1922~1996)은《과학혁명의 구조》에서 '비교할 수 없는(incommensurable)'과 '양립할 수 없는(incompatible)'이라는 말을 사용한다. 자연과학의 발전은 천동설에서 지동설로의 전환과 같이 패러다임의 전환으로 진행되는데, 이 전·후의 패러다임은 말 그대로 서로 패러다임 자체가 달라 '비교할 수 없는' 그리고 '양립할 수 없는' 관계라는 것을 설명하면서다. 시대 환경과의 상호작용을 통해 30년 동안 형성된 한 개인 또는 한 세대의 세상과 인간을 보는 관점은 하루아침에 쉽게 달라지지 않는다. 성공지향 세대와 행복지향 세대 모두 쉽게 달라질 수 없다고 할 때 양자 간의 관계는 어느 정도 앞의 '비교할 수 없는' 그리고 '양립할 수 없는' 관계를 닮았다. 각자 입장에서 자신들이 옳고, 끝까지 자신들의 입장만 옳다고 주장한다면 결국 서로는 비교할 수 없고 양립할 수 없다.

세대 간 갈등은 대체로 어느 한쪽에 의해서만 일어나지 않는다. 경중 차이는 있지만 기본적으로 양쪽 모두에 원인이 있다. 성공지향 세대가 '라떼'라면 행복지향 세대는 '그란데'다. 커피 사이즈를 나타내는 그 '그란데'다. 성공지향 세대가 '나일리지(나이+마일리지)'라는 연륜 만능주의를 앞세워 자기 방식을 강요한다면, 행복지향 세대는 '그런데요(그란데)' 하고 이의를 제기하면서 민주적으로 토론할 것을 요구한다. 성공지향 세대의 '나일리지'는 행복지향 세대에게 권위주의와 노파심의 '라떼'로 받아들여진다. 행복지향 세대의 이의 제기와 평등적 토론 요구는 성공지향 세대에게 핑계 찾기의 '그란데'로 받아들여진다.

모든 일의 대원칙은 균형이다. 회사 조직에서 직급이 높다는 것은 권한이 크다는 것을 의미한다. 그리고 동시에 그 정도의 책임도 함께 갖는다는 것을 의미한다. 마찬가지로 직급이 낮다는 것은 권한이 작고 동시에 책임도 작다는 것을 의미한다. 의사결정 과정에서 부하는 상사가 권한을 행사할 때 그 권한이 규정을 벗어나는가와 함께 책임과 균형을 이루는가를 봐야 한다. 그리고 권한이 정당한 업무 범위를 벗어나지 않고 책임과의 균형을 잃어 과도하게 행사되는 경우가 아니라면 상사의 권한 행사를 자기 멋대로 권위주의로 해석할 수 없다. 그리고 상사 입장에서도 최종 의사결정은 마땅히 그 권한을 가지고 있는 본인이 내리지만 거기까지 이르는 과정은 최대한 민주적이어야 한다. 평등하고 자유로운 의사소통 환경에서 더 좋은 대안이 나올 수 있다는 것은 자명한 사실이기 때문이다.

회사와 근로자는 계약관계다. 근로자는 회사에 부가가치를 창출하는 노동을 제공하고 기업은 반대급부로 급여를 준다. 사고방식과 행동양식의 차이 또는 지위의 차이를 떠나 근로자라면 누구나 회사의 부가가치 창출에 기여를 해야 한다. 각자 자신이 받는 '①급여와 복지', '②1인당 소요된 일반관리비' 그리고 '③주주의 적정 이익을 직원 수로 나눈 금액'을 합친 것(=①+②+③) 이상의 부가가치를 창출해야 한다. 그것은 직장인으로서 기업과의 약속이다. 따라서 모든 근로자는 매달 급여를 받을 때 이 세 가지 금액을 합친 것 이상의 부가가치를 자신이 만들어냈는지와 자신이 회사 입장이라면 지금 자신이 받고 있는 급여와 복지를 제공하면서 자신과 같은 사람을 고용할 것인가를 자문해보아야 한다.

만약 'No'라는 답이 나온다면 그때부터는 더 이상 회사와 상사, 동료, 부하 직원 평가하기를 멈추고 회사와 사람들에게 감사하고 미안해하는 마음으로 서둘러 먼저 자기 몫을 다하기 위해 힘써야 한다. 동료, 주주에게 돌아가야 할 몫 중 일부를 자신이 빼앗고 있는 상황에서 그들을 비난 내지 평가하는 것은 염치없고 부도덕하고 주제넘기까지 한 매우 잘못된 행위이기 때문이다. 자기 몫 이상을 해야 하는 것은 임원이나 신입사원이나 모두 마찬가지다. 신입사원의 급여가 작은 것은 자기가 해야 할 몫이 크지 않다는 것이지 자기가 해야 할 몫이 없다는 의미는 아니다. 회사는 놀이터나 유아원이 아니다. 물론 당연히 요양원도 아니다.

독일의 사회학자 퇴니스(Ferdinant Tönnies, 1855~1936)는 인간이 이룬 사회를 공동사회(Gemeinschaft)와 이익사회(Gesellschaft)로 구분한다. 공동사회는 가족, 교회와 같이 협동과 교류를 중요시하는 사회를 말하고, 이익사회는 기업과 같이 이익을 중요시하는 사회를 말한다. 우리나라 기업문화는 한편으로 오랫동안 온정적·가부장적 공동사회 성격이 강했다. 회사는 상(喪)과 같은 직원의 개인사까지 챙기는 것은 물론 특별한 문제가 없는 한 정년퇴직 때까지 함께하고, 직원들은 일이 바쁠 때 한두 시간 정도는 시간외수당 없이 그냥 일하는 분위기였다. 회사와 직원 간에 권리·의무가 균형을 이루는데, 그 균형이 장기적으로 느슨하게 이루어지는 '느슨한 계약'[1]이었다.

그런데 기업은 사실 전형적인 이익사회이고 본질적으로 계약

사회다. 계약이라는 것은 계약의 당사자가 권리·의무를 정확히 지키는 데 의미가 있다. 즉 계약 조항대로 주고받을 것을 정확하게 지키는 '타이트한 계약'[2]이다.

성공지향 세대는 '느슨한 계약'의 '공동사회'적 기업문화에 익숙하다. 그래서 그들에게는 '한 시간 정도 늦게 퇴근한 것 가지고 무슨 시간외수당까지?'라는 생각이 자연스럽다. 반면 개인을 중요시하는 행복지향 세대에게 기업은 당연히 '타이트한 계약'의 '이익사회'다. 따라서 '칼퇴근하는 것이 도대체 무슨 문제죠?'라는 질문이 너무나 당연하다. 직장에서 상사와 부하 사이의 갈등 중 적지 않은 부분이 이 간극에서 발생한다. 상사가 부하의 회사에 대한 의무는 엄격하게(타이트하게) 요구하면서 회사의 부하에 대한 의무에 대해서는 대충(느슨하게) 하거나, 부하가 회사에 대한 자신의 권리는 확실하게(타이트하게) 챙기면서 자신의 의무에는 관대할(느슨할) 때 발생하는 갈등이다. 상사와 부하가 각자 기업의 공동사회(느슨한 계약)와 이익사회(타이트한 계약) 속성을 자기 편의적으로, 기회주의적 선택을 하는 경우다. 양쪽이 각자 한마디로 권리는 챙기고 의무는 방기하는 이기적 불균형을 선택한 경우다. 이때 상사는 부하에게 '라떼'가 되고 부하는 상사에게 '그란데'가 된다.

사실 '꼰대' 또는 '라떼' 현상은 생각보다 훨씬 보편적이고 상대적이다. '꼰대' 또는 '라떼' 현상이 반드시 성공지향 세대와 행복지향 세대 사이에서만 일어나는 것이 아니라는 이야기다. 잊을 만하면 한 번씩 터지는 대학 신입생 환영식에서의 술 강요로 인한 음주 사망, 비민주적 신입 노예(?) 군기 잡기 사건을 비롯해 군대 신병과 일병 사이, 직장 신입사원과 1년 차 사이 등 손톱만큼이라도 나이 차이가 나고 경력 차이가 존재하는 곳이라면 같은 행복지향 세대 사이에서도 여기저기 일어나는 현상이다. 직장생활 1년 차가 자기 부장을 '라떼'라 흉보면서 이제 갓 사회생활을 시작한 신입사원 앞에서는 '직딩' 1년 차의 위엄과 권위를 내세운다면 그것이야말로 전형적인 내로남불이다.

그러고 보면 '꼰대' 현상은 반드시 '세대'나 '나이'의 문제는 아닌 듯하다. '생각'의 문제인 듯하다. 같은 성인 간에 한 살이라도 아래면 어떻게든지 아우, 후배, 동생으로 서열 지으려 달려드는 조야하면서도 고리타분한 이 땅의 조선시대적 무례한 친근함. 그렇다면 희망은 있다. 대한민국의 모든 상사들은 '생각'을 바꿀 일이다. 권위주의 아닌 민주주의로, 수직이 아닌 평등적 인간관계로. 그리고 대한민국의 모든 부하 직원들은 일단 상사를 미워하지 않고 볼 일이다. 사람은 자기가 미워하는 사람을 닮아간다고 하지 않던가. 아니, 벌써 많이 닮아 있지 않은가?

상사가 나에게 그러지 않았으면 하는 것을 내가 먼저 아래 직원에게 하지 않고, 아래 직원이 나에게 그러지 않았으면 하는 것을 내가 먼저 상사에게 하지 않고 볼 일이다. 그 다음, 상사가 나에게 해주었으면 하는 것을 내가 먼저 아래 직원에게 하고, 아래 직원이 나에게 해주었으면 하는 것을 내가 먼저 상사에게 해볼 일이다.

'라떼'와 '그란데'가 유행어 아닌 화석어가 되는 그날을 그리면서 우리 모두 카페'라떼' 한 잔, '그란데'로. 그런데 참 카페라떼에 그란데가 있던가, 없던가? 하긴, 없으면 만들면 되지 뭐.

05

열정페이
내 열정의 값은 내가 정한다

'열정페이'는 젊은 세대의 '열정'만을 죽이지 않는다.
그들의 꿈을 죽이고 사회에 제대로 두 발을 내딛기도 전
사회에 대한 그들의 신뢰를 무너트린다. 그것은 '젊음' 자체를 죽이는 일이다.
기성세대로서 할 짓이 아니다. 잔인한 일이다.

2015년 1월 한 유명 패션디자이너가 갑자기 언론의 초점이 되었다. 자신의 디자인실에서 일하는 이들에게 상식 이하의 급여를 지급했다는 내용 때문이었다. 월 급여로 견습생에게는 10만 원, 인턴에게는 30만 원을 주어 패션 업계에서 일하고자 하는 젊은이들의 '열정'을 빌미 삼아 그들의 임금을 착취했다는 것이었다. 이른바 '열정페이' 논란이었다. 보도가 나가자 유명 패션디자이너는 SNS를 통해 패션 업계의 젊은 종사자들과 대중들에게 사과하고 앞으로 문제들을 개선해나가

겠다고 약속했다.

2016년 10월 정의당 이정미 의원이 우리나라 패밀리레스토랑 업계 매출 1위 업체의 근로기준법 위반 사실을 폭로했다. 아르바이트 직원들에 대한 휴게시간 보장, 초과근로근무수당 지급, 연차휴가 또는 연차수당 지급 관련 법을 위반했다는 것이다. 법 위반 사항은 곧 '열정페이' 논란으로 번졌다. 업체는 아르바이트 노동자에 대한 근로기준법 위반 사실을 인정하고 사과했다.

2020년 7월 31일 여당인 더불어민주당과 정부, 청와대의 당·정·청 을지로민생현안회의는 '방송사 재허가 및 재승인 시 방송사가 스태프·작가와 계약할 때 표준계약서를 제대로 활용하고 있는지 여부를 조건으로 부과하겠다'고 발표했다. 새로운 조건의 부과 배경은 다름 아닌 '열정페이'였다. 노동자이면서도 노동자로 인정을 받지 못해 근로기준법이나 노동조합법의 보호를 받지 못하고 있는 1만여 방송작가(특수고용노동자)들에 대한 방송국의 부당한 대우를 근절하겠다는 의도였다.

'열정페이(passion pay)'는 '청년 구직자를 고용하면서 열정을 빌미로 임금을 제대로 지급하지 않는 것'[1], '정당한 대가를 지불해 주지 않으면서 열정만을 요구하는 것'[2], '하고 싶은 일을 하게 해줬다는 구실로 청년 구직자에게 보수를 제대로 지급하지 않는 것'[3] 등을 의미하는 말로, 무보수 또는 상식 이하의 보수로 청년들의 노동을 착취하는 사회 현상을 냉소적으로 비꼬는 신조어다.

'열정페이'를 받는 청년의 신분은 업종에 따라 달리 불리기도 하지만 대체로 '인턴', '견습생' 등으로 불린다. '인턴'은 굳이 해석하자면 '실습생'이라는 의미로 '견습생'과 상통한다. '인턴'이라는 말은 정부가 시행하는 청년인턴제 그리고 기업의 인턴제라는 것이 등장하기 전까지는 주로 의과대학에서 사용되던 용어다. 의대생들은 예과 2년, 본과 4년의 의대 과정을 마치고 의사국가고시에 합격해 의사면허를 받으면 의사가 된다. 그리고 전문의가 되기 위해서는 추가로 임상 실습을 해야 하는데 이 임상 실습 기간이 바로 인턴 1년, 레지던트 4년 과정이다. 인턴은 전공 없이 모든 과들을 돌면서 순환 경험을 하는 과정이고, 레지던트는 전문의가 되는 데 필요한 해당 전공과목을 실습하는 과정이다. 그리고 인턴 때는 월 200만 원대, 레지던트 때는 월 300만 원대 정도의 보수를 받는다.

레지던트 과정을 끝내고 전문의 시험에 합격하면 그 사람은 이제 해당 과목의 전문의가 된다. 의사국가고시에 합격한 후 전문의가 되기 위한 임상 실습 과정인 인턴, 레지던트는 '전공의'라 불리지만 '수련의(修鍊醫)'로 불리기도 한다. 환자를 진료하는 임상 의사이면서 동시에 수련 중인 피교육자 신분이기 때문이다. 의사 교육 시스템에서 오랫동안 쓰여온 전문용어 '인턴'은 바로 '노동'을 하면서 동시에 '교육'을 받는 신분을 의미한다.

의대 교육 과정인 예·본과→인턴·레지던트→전문의 교육 시스템은 유럽 중세의 도제제도(apprenticeship system)와 닮았다. 동업조합인 길드(craft guild)에서 기술 전문가인 '장인(master)'이 되고자 하는 자는 '도제(apprentice=수습생)', '직인(journeyman)'의 실습 교육 과정을 거쳐야 했다. 장인이 되고자 하는 자는 먼저 도제 계약 체결과 함께 장인에게 수업료를 지불하고 장인의 집에 기거하면서 '수습생(apprentice=도제)'으로서 기본적인 기술을 배웠다. 이때 장인은 도제에게 옷과 음식, 용돈 등을 지급하면서 기술 지도와 함께 생활 지도를 했다.[4]

'수습단계'인 '도제' 기간이 끝나면 '직인'이 된다. '직인(journeyman)'은 영어 명칭의 의미 그대로 한 명의 장인 밑에 머무르지 않고 동일 직종의 여러 장인들을 '찾아다니며(journey)' 기술을 연마한다. 이때 직인은 장인으로부터 어느 정도의 보수를 받는다. 그리고 직인 과정을 이수한 뒤 작품을 만들어 동업조합에 제출해 합격하면 이때부터 직인은 '장인(master)'이 된다. 장인이 되면 이제 동업조합의 조합원으로서 자신의 독립 사업을 할 수 있는 자격을 갖는다.

사실 현재의 의과대학 교육 시스템은 도제제도로부터 비롯되었다고 보아야 한다. 의대 교육 시스템뿐만 아니라 소위 '전문직'으로 불리는 방대한 전문지식과 실무 경험을 필요로 하는 직종은 대부분 이런 '수습생'이라는 의미의 '도제' 교육 과정을 둔다. 공인회계사의 경우 회계사 자격을 취득한 뒤 2~3년간의 '수습회계사' 과정을 밟아야 정식 공인회계사로 활동할 수 있고, 변호사 역시 지금의 로스쿨제도가 도입되기 전까지는 사법시험 합격 후 사법연수생 2년간의 '수습 과정'을 거쳐야 했다. 그리고 공인회계사나 사법연수생 모두 '수습' 기간 동안에는 '소정의 급여'가 지급된다. 정식 공인회계사, 법조인의 예우에는 훨씬 못 미치지만 의사의 인턴, 레지던트 경우처럼 어느 정도의 보수가 지급된다.

* * *

'열정페이' 문제의 핵심은 페이, 즉 '보수의 수준'이다. 그리고 보수를 받는 이의 역할, 보수를 주는 자와 받는 자 상호간 상대방의 필요 정도 그리고 노동시장의 수급 상황과 같은 것들이 이와 깊은 연관을 갖는다.

중세 길드의 도제와 직인은 기본적으로 기술을 배우는 '피교육생' 신분이었다. 그러면서 동시에 수습 과정에서 '생산활동'도 하는 입장이었다. 생산활동 비중은 기술 숙련도 향상과 함께 시간이 지나면서 높아졌다. 따라서 도제 초기에는 장인이 도제로부터 수업료를 받고, 시간이 지나면서는 반대로 도제가 장인으로부터 의식주의 제공과 함께 용돈 정도를 받았고, 직인이 되어서는 장인으로부터 소정의 보수를 받았다. 도제의 신분 또는 역할이 기술 숙련도 향상에 따라 '피교육생'에서 '근로자'로 바뀌어가면서 장인과 도제 사이에서 부담하는 자와 받는 자의 역할이 바뀌어갔다.

오늘날 의과대학 교육 과정도 마찬가지다. 예·본과→인턴·레지던트→전문의 단계로 학생이 '피교육생' 신분에서 '의료 전문인'으로 바뀌면서, 예·본과 때는 학생이 수업료를 내고, 피교육생과 의료 전문인의 역할이 섞인 인턴·레지던트 때는 학생이 병원으로부터 소정의 보수를 받는다.

앞의 유명 패션디자이너가 견습생·인턴에게 지급한 급여나 국내 패밀리레스토랑 업계 매출 1위 업체가 아르바이트생들에게 지급한 급여와 복지 그리고 방송작가들에 대한 방송국의 대우가 열정페이냐 아니냐는 먼저 그들의 역할이 '피교육생'이냐 '근로자'냐, 또는 이 둘이 섞였다면 각각 어느 정도의 비중으로 섞였느냐에 따라 달라진다.

100퍼센트 순수 피교육생 입장이라면 기업과 방송국은 대학교가 학생에게 수업료를 받는 것처럼 오히려 그들에게 돈을 받아야 할 것이고, 반대로 100퍼센트 근로자 입장이라면 기업과 방송국은 그들에게 그 근로에 정당한 보수를 지급해야 할 것이다. 그런데 여기에서 현실적인 문제는 양측의 주장이 각자 자기 편할 대로이기 쉽다는 것이다. 한쪽은 자신의 역할이 '근로'라고 주장할 것이고 다른 한쪽은 '실습 교육'이라고 주장하기 쉽다는 이야기다.

인턴 등이 한 역할이 '근로'냐 '실습'이냐는 인턴 등에 대한 사용자의 필요 정도, 해당 기능 또는 직종의 전문성 여부 그리고 기타 노동시장의 수급 상황 등에 따라 달라진다. 먼저, 사용자의 입장에서 지금 당장 인턴이 모두 그만둔다고 할 때 회사가 정상적으로 돌아갈 수 없는 경우라면 그 인턴 역할은 당연히 '노동'에 해당된다. 그리고 반대로 지금 당장 인턴을 없애도 회사활동에 지장은커녕 오히려 회사에 도움이 된다면 그 인턴은 당연히 '교육생'에 해당된다.

앞 레스토랑 아르바이트 노동자의 경우, 오늘 당장 아르바이트 노동자들을 해고한다면 그 순간 레스토랑 업무는 완전히 마비되고 말 것이다. 그렇다면 아르바이트생은 100퍼센트 '근로' 중이고 회사는 노동법에 입각해 정당한 '근로 대가'를 지급해야 한다. 방송국의 막내(취재) 작가나 패션디자인 업계의 견습·인턴의 경우도 이들을 지금 당장 내보낸다고 할 때 정상적인 업무 진행에 상당한 차질이 발생한다면, 이들 역시 '교육' 비중이 상당히 낮다고 볼 수밖에 없다. 만일 그렇다면, 당연히 그에 상당한 '근로 대가'를 지급해야 한다.

두 번째로는 해당 직종이 인턴 과정을 반드시 두어야 할 정도로 고도의 전문성을 요구하는 것이냐는 것이다. 의사라는 직업은 인간의 생명을 다루는 일로 체계적인 방대한 지식과 실습 과정을 절대적으로 필요로 한다. 변호사와 회계사 역시 방대한 지식과 함께 그 지식의 실무 적용에 대한 경험을 필요로 한다. 레스토랑 안에서 이루어지는 대부분의 일들은 그렇게 고도의 지식과 장시간의 실무 경험을 필요로 하지 않는다. 그렇다면 아르바이트생이 레스토랑에서 일하고자 하는 것은 '교육'을 받으려는 목적이 아니라 '근로'를 하기 위한 것이다. 따라서 아르바이트생은 당연히 100퍼센트 '근로자'로 대우받아야 한다.

패션디자이너나 방송작가 일을 수행하는 데는 상당한 지식과 실무 경험이 필요하다. 그러나 의사나 변호사 정도까지는 아닌 것으로 여겨진다. 그리고 학교에서 관련 학과를 전공했거나 학원 등에서 소정의 해당 학습 과정을 거친 이라면 이미 해당 분야에 있어 어느 정도의 '근로' 능력을 갖추었다고 보아야 한다. 이런 경우라면 그들 역할의 상당 부분은 '교육'이 아닌 '근로'에 해당한다. 도제제도에서의 '직인', 의사 교육 시스템에서의 '레지던트' 경우처럼 거기에 합당한 대우를 해야 한다. 기술이 완성된 디자이너나 서브·메인 작가 정도의 수준은 아니지만 '근로'에 버금가는 상당한 대우를 해주어야 된다.

세 번째, 노동시장에서의 수요와 공급의 불균형과 관련해서다. 직장을 구하는 사람은 많고 사람을 뽑는 기업은 적다. 직장을 구하는 입장이 당연히 불리할 수밖에 없다. 그러나 불리하다는 것은 어디까지나 해당 기업에 취업하기 위한 경쟁 상황에서 그렇다는 이야기이지 채용된 이후는 아니다. 기업은 누군가에게 은혜를 베풀기 위해서가 아니라 자기 필요에 의해 사람을 뽑는다. 그리고 그 선발 기준은 지원자가 일정 수준 이상의 가치를 창출할 잠재능력을 가지고 있는가 그렇지 않은가에 대한 기업의 확신 여부다.

따라서 기업은 일단 사람을 채용했으면 채용 초기, 그 사람에게 기대한 잠재능력에 대한 급여를 지급해야 한다. 조직의 실체는 결국 사람이고, 가치를 창출하고 이익을 만들어내는 이 역시 사람이다. 지금 새롭게 조직에 승선한 이는 지금의 모습처럼 어설픈 주니어로 계속 멈춰 있지 않다. 시간이 지나면서 스스로의 성장과 함께 앞으로 수십 년간 이 조직의 성장을 책임진다.

자기 조직의 미래를 책임질 인재를 뽑아놓고 합리적이지도 않은 노동시장의 수요와 공급 불균형을 이유로 그들을 형편없이 대우한다면 그것은 '지속 가능 조직(going concern)'으로서의 자기 부정에 해당한다.

* * *

공자는 일찍이 일을 하는 데 있어서 '열정'의 중요성을 간파했다. '아는 것이 좋아하는 것만 못하고, 좋아하는 것이 즐기는 것만 못하다'[5]는 그의 가르침이 바로 그것이다. '열정'은 무엇인가를 좋아하는 데서 나오고, 나아가 즐기는 데서 나온다.

홍대 앞의 버스킹족, 대학로의 수많은 연극인들, 청춘 스타트업 사업가들 그리고 삶을 녹여 스토리를 연단하는 문학지망생들, 그들은 자신의 일을 좋아하고 즐긴다. 그래서 스스로 기꺼이 고난을 자청하고 시련을 감수한다. 고난과 시련을 이겨내는 힘, 그것은 뭉근하면서도 결코 사그라들지 않는 불꽃, 바로 '열정'이다.

'열정'은 타인의 규정 또는 강요에 의해 생겨날 수 없다. 오로지 본인 스스로에 의해 자발적으로 생겨날 수 있을 뿐이다. 바로 이때 노동에 대한 '대가', 즉 '페이'의 크기는 그리 중요하지 않을 수 있다. 영혼을 사르는 노래가, 세상을 향한 치열한 몸짓이, 청춘을 하얗게 불태우는 자기 연단이 그리고 자신이 창조해내는 신세계가 바로 자신에게 물질적 대가 그 이상의 기쁨과 가치를 가져다주기 때문이다. 젊은 세대가 가진 유일한 자산, 그것이 '열정'이다.

'열정페이'는 젊은 세대의 '열정'만을 죽이지 않는다. 그들의 꿈을 죽이고 사회에 제대로 두 발을 내딛기도 전 사회에 대한 그들의 신뢰를 무너트린다. 그것은 '젊음' 자체를 죽이는 일이다. 기성세대로서 할 짓이 아니다. 잔인한 일이다.

06

소확행
작지만 확실한 행복의 조건

소확행 행복론자들은 철학적이고, 합리적이고,
'부(富)' 개념 혹은 '삶'의 의미를 현명하게 이해하고 있다.
그렇다면 소확행은 무조건 옳은가?
그렇지는 않다. 소확행에는 몇 가지 단서가 따른다.

내가 하는 일은 글을 쓰고 강의를 하는 것
이다. 강의는 대학 수업과 대학, 기업 및 정부기관 등을 대상으
로 하는 특강이다. 나는 강의가 있을 때 최소한 1시간 전에 강
의할 장소에 도착한다. 그리고 강의장 가까운 곳의 카페를 찾
는다. 숭고한 생산활동(?)을 앞두고 나에게 커피 한 잔의 사치
를 선물하기 위해서다. 일상 중 가장 행복한 시간이다. 약간의
긴장과 설렘 속에서 소득을 위한 노동을 준비하며 두 손으로
감싸고 마시는 한 잔의 따뜻한 커피, 나의 소확행이다.

4월이 가까워지면 나는 작은 가슴앓이를 한다. 소년 시절을 보낸 고향 언덕바지 자그마한 공원의 꽃대궐이 생각나서다. 4월이 되면 이 땅 여느 곳처럼 이곳에서도 여지없이 벚꽃 잔치가 벌어진다. 소년은 중학교 올라가던 해 봄, 자전거 타는 것을 처음 배웠다. 이곳 공원에서. 공원 한쪽 귀퉁이에 자리 잡은 도서관을 간다는 핑계로 가방은 도서관에 던져놓고 친구들과 건들거리며 자전거를 탔다. 황금색으로 빛나는 '중(中)'자 모표 위로, 시커먼 검정 교복의 어깨 위로, 소년의 뺨 위로 그리고 눈꺼풀 위로 정신 못 차릴 정도로 나풀거리며 내려앉는 꽃잎들을 맞으며 꿈결처럼 꽃비 속을 자전거로 달렸다. 참으로 꿈이었다. 봄, 봄날의 꿈.

많은 시간이 흐른 지금, 벚꽃이 만개할 무렵 때마침 특강 일정이라도 있어 고향에 들르는 것은 나에게 행운이다. 비좁아진 언덕 공간에 힘겹게 버티고 있는 고목들이 안쓰러워 보이긴 하지만 그래도 꽃을 피워내는 그 기세만은 여전히 눈부시고 청춘이다. 4월이 오면, 늘 기다려지는 나의 특별하고도 은밀한 소확행이다.

소확행(小確幸)은 한자 말 그대로 '작지만 확실한 행복'이라는 의미로, 1986년 일본의 소설가 무라카미 하루키가 쓴 수필《랑겔한스섬의 오후》에 처음 등장한 말이다. 갑자기 유행한 신조어 같지만 사실은 30년 이상이나 자기 시대가 오길 참고 기다린 중고 신인 아닌 중고 유행어(?)다.

사람들은 모두 각자의 소확행을 가지고 있다. 하루키처럼 갓 구운 빵을 손으로 찢어 먹을 때나 서랍 안에 반듯하게 정리되어 있는 속옷을 볼 때 행복을 느끼는 이도 있겠고, 한잔의 맥주와 바삭하게 튀긴 치킨을 마주할 때 행복한 이도 있겠고, 나처럼 일을 앞두고 편안한 공간에서 한 잔의 뜨거운 커피를 마시거나 아직 세상에 맞서기 전 그 눈부셨던 때의 시간과 공간을 찾을 때 행복을 느끼는 이도 있을 것이다. 이런 행복들에는 공통점이 있다. 먼저 큰돈과 그리 대단한 노력이 드는 것이 아니라는 것이다. 그리고 또 하나, 곰곰이 생각해보면 산다는 것이 이런 것들 말고 달리 더 무슨 특별한 것이 있을까 싶은 것들이라는 것이다.

* * *

'작지만 확실한 행복', 즉 소확행은 사실 유행어 이상으로 철학적이다. 동서양 모두에서 그렇다.

서양에서 BC 3세기 무렵 '아타락시아(Ataraxia)'라는 개념이 등장한다. '아타락시아'는 '방해를 받지 않는(Not disturbed)'의 의미로, 우리나라에서는 흔히 '쾌락주의'로 번역되어 불리는 그리스 헬레니즘 시대 에피쿠로스학파의 행복론이다. 에피쿠로스학파를 창설한 에피쿠로스(BC342?~BC271)는 행복을 쾌락에 두었다. 그런데 에피쿠로스 생각에 그 쾌락은 그냥 얻어지는 것이 아니었다. 맛있는 음식이든 명품 옷이든 호화로운 집이든 '쾌락'을 얻기 위해서는 누구나 먼저 노동이라는 '고통'을 치러 '쾌락'을 사기 위한 돈을 마련해야 했다. 따라서 아무리 큰 쾌락을 누린다 할지라도 그 '쾌락'을 위해 들어간 '고통'을 계산하면, 남는 '순쾌락(=쾌락 총량-고통 총량)'은 별것 아니거나 때로는 '마이너스(-)'이기까지 했다. 그것은 매우 어리석은 짓이었다.

그래서 에피쿠로스는 쾌락의 대상을 물질, 육체가 아닌 '정신'으로 돌렸다. 정신적 쾌락은 적은 돈으로도 큰 쾌락을 얻을 수 있기 때문이었다. 에피쿠로스가 결론 내린 현명한 행복 추구 방식은 물질적 생활을 최대한으로 간소화해 최소한의 노동으로 생활을 유지할 수 있게 하면서 정신적 쾌락을 추구하는 것이었다. 그리고 지적 교류를 통한 정신적 쾌락을 위해 몇 명의 좋은 친구를 두는 것이었다. 물질이나 육체적 즐거움이 아닌 의미를 추구하는 '정신적 쾌락', 바로 아타락시아였다. '아타락시아'는 크고 거창하고 돈이 많이 드는 쾌락이 아니었다. '작고' 자신의 생각에 따라 '확실하게' 누릴 수 있는 소박한 쾌락이었다. 한마디로 '소확행'이었다.

　동양의 행복론도 일찍이 이와 다르지 않았다. 도가의 주장이 그랬고 많은 현자들의 삶이 그랬다. BC 4세기 도가사상의 선구자인 양주(BC440?~BC360?)는 "물질을 가벼이 여기고 생명을 중히 하라"[1]고 말했다. 양주가 '물질을 가벼이 여기라'고 말한 의도는 물질 자체가 중요하지 않다고 생각해서가 아니었다. 물질적 쾌락을 얻기 위해 지나치게 일을 하다 보면 정작 그 쾌락을 누려야 할 생명에 문제가 발생하거나 생명 자체가 짧아질 수 있다고 생각했기 때문이었다. 따라서 세상을 잘 사는 가장 현명한 방식은 몸에 무리가 가지 않을 정도로 일을 하면서 건강과 생명을 잘 보존해 오랫동안 물질을 누리는 것이었다. 동시대를 산 에피쿠로스의 주장과 본질적으로 다를 것이 없다. 마음만 먹으면 언제든 실천할 수 있는 '소확행'이었다.

　이태백에게 많은 영향을 미친 중국 위진남북조 시대의 문인 사조(464~499)는 〈서도조의 시에 화답하다(和徐都曹)〉라는 시의 중간 부분에서 삶을 이렇게 노래한다.

　　출렁이는 강물 위로 햇살 반짝이고
　　일렁이는 풀잎 끝에 바람 스치운다
　　도리화 만발하니 상춘객 줄을 잇고

뽕나무 느릅나무, 길모퉁이 그늘 지운다[2]

물 위로 반짝이는 햇살, 풀잎 끝을 스치는 바람, 복숭아꽃과 자두꽃의 강렬한 유혹 그리고 따가운 햇살을 가리는 뽕나무, 느릅나무의 서늘한 그늘이 시인에겐 더할 나위 없는 지극의 행복이다. '작지만 확실한 행복', '소확행'이다.

조선 초기의 문신 성봉정(1471~1517)은 한강 가에 있는 친구의 정자에서 시 한 수를 쓴다.

한강 가 빼어난 풍경 다투어 차지해
도처에 누각 정자 강물 향해 또 들어섰구나
붉은 칠 화려한 난간 이곳저곳 적막할 뿐이니
술 들고 와 기대면 그가 바로 주인일세[3]

다투어 차지해 경치 좋은 강가에 정자를 지었건만 정작 그 정자와 풍경을 즐기는 이는 술 한 병 들고 정자를 찾은 시인이다. 정자의 주인은 누구인가? 정자를 지은 이인가? 정자 난간에 기대어 한잔의 술을 앞에 두고 봄날의 한강을 읊고 있는 시인인가? 정녕코 '소확행'을 즐기는 시인이리라.

서양 소확행의 출발이 에피쿠로스학파의 아타락시아라면 동양에서의 소확행의 출발은 도가의 양주이고 그밖에 사조와 성몽정을 비롯한 수많은 문인과 현자들이다. 소확행의 철학적 뿌리는 동서양 모두 깊다. 소확행은 매우 철학적이다.

소확행은 합리적이다. 소확행의 소(小)는 '작을 소'다. '작은 것에 만족한다'는 것이다. 행복의 기준을 '만족'으로 삼는다면 그 행복 공식은 '만족도=결과치/기대치'[4]다. 만족도를 높이기 위한, 즉 행복도를 높이는 방법은 간단하다. '결과치'를 올리거나 '기대치'를 낮추면 된다. '결과치'를 높이기 위해서는 더 열심히, 더 빨리, 더 많이 노력해야 한다. '기대치'를 낮추는 것은 그냥 자신의 마음만 바꾸면 된다.

어느 쪽이 더 쉬울까? 당연히 분모인 '기대치'를 낮추는 것이다. 차를 고급 외제 차로 바꾸고 아파트 평수를 두 배로 늘리는 거대한(?) 기대가 아닌, 한 달에 한 번 이상 자전거를 타고 강변을 달리거나 일주일에 한 번 이상 저녁노을과 밤하늘의 별을 반드시 볼 것과 같은 것을 기대하는 것이다. 탁 트인 한강은 강남의 아파트처럼 어느 누구의 독점적 소유도 아니고, 서쪽 하늘을 장엄하게 물들이는 붉은 저녁노을과 밤하늘을 수놓는 무수한 별들은 도시에 밀려 동화 저편으로 사라진 것이 아닌, 일상의 분주함에 밀려 내 마음 한쪽 구석에 내팽개쳐져 있던 것들이다. 마음만 먹으면 언제든 소환 가능한 '소확행'들이다. 소확행 행복론자들은 행복 공식에서 '결과치'를 높이기보다 '기대치'를 낮추는 데 관심을 갖는다.

소확행은 '부(Wealth)' 개념을 정확하게 직시하고 있다. '부'는 사전적으로 '한 시점에서 축적된 자원의 가치'[5]를 말한다. 쉽게 말해 우리가 가진 재화와 누리는 편리가 '부'다. 1970년대 우리나라 사람들이 소유하길 꿈꿨던 살림 목록은 TV와 냉장고, 세탁기였다. 에어컨이나 자가용을 꿈꾼 것은 1980년대, 1990년대 들어서였다. TV와 냉장고, 세탁기는 이제 거의 모든 가정이 소유하고 있다. 우리나라 총 자동차 등록 대수는 2019년 말 2368만 대다. 2018년 현재 우리나라 총 가구수가 2050만이니 계산해보면 가구당 평균 자동차 소유 대수가 1.16대다. 전 가정의 자가용화가 이루어진 셈이다.

도시와 농촌 대한민국 어디를 가더라도 가까운 주변에 쾌적하게 쉴 수 있는 공원, 쉼터, 실내외 광장과 같은 편의시설이 있다. 70·80년대에는 꿈도 꿀 수 없었던 것들이다. 이렇게 많은 것을 소유하게 되었는데 왜 여전히 많은 사람들은 가난할까? 아니 정확히 말해, 왜 여전히 자신은 가난하다고 생각하는 사람들이 많을까? 그것은 바로 많은 이들이 '부'의 기준을 다른 이들과의 비교에 두고 있기 때문이다.

직장 동료는 서울 강남의 10억대 아파트에 사는데 나는 출근 시간이 한 시간 이상 걸리는 곳에 살고 있고, 친구는 아파트에 사는데 나는 빌라에 살고 있다고 비교한다. 빈부의 차는 인류 역사상 어느 시대 어떤 곳에나 항상 존재했다. 빈부의 차를 줄이는 것은 현명한 일이지만, 빈부의 차 자체는 없앨 수도 없고 또 억지로 없애려 해서도 안 된다. 그것은 인간의 본성에 반하는 일이고 또 20세기 역사가 증명했듯 빈곤의 평등이라는 치명적 결과로 이어지기 때문이다. 또 이성적으로 따져볼 때, 다른 이들과의 비교를 통해 자신이 부자 또는 가난하다고 생각하는 것은 그 자체로 매우 어리석다. 소유 크기의 비교를 통해 부자 또는 가난을 인식한다면 궁극적으로는 우리나라의 최고 재벌도 형편없이 가난하고 불행한 이가 된다. 세계 제일의 부자와 비교하면 우리나라 최고 부자가 가진 것도 별것 아닌 것이 되기 때문이다.

70·80년대에 비하면 사람들은 모두 엄청난 부자가 되었다. 동네에 몇 집밖에 가지고 있지 않았던 자가용을 이제 대부분 가지게 되었고, 잠을 설치게 했던 여름밤의 무더위와 뼛속까지 파고들던 겨울의 시린 추위에 대한 기억도 이제 먼 옛날의 추억

거리가 되어가고 있다. 소확행을 추구하는 이들은 현명하게 그리고 정확하게 '부' 개념을 이해한다. '부'는 타인과의 비교개념이 아닌 절대개념이라는 것을 안다. 생수를 사 마실 정도의 여유가 있고, 카페에서 한 잔의 커피로 나를 쉬게 할 수 있고, 녹음 짙은 도시의 공원 벤치에 앉아 그 푸르름과 바람의 숨결을 깊게 느낄 수 있다면 그것으로 그 삶은 충분히 풍요롭다는 것을 안다. 가끔은 친구와 치킨에 맥주를 즐길 수 있고, 휴일날 가족과 고급 음식점은 아니더라도 웃고 떠들며 외식을 할 수 있고, 1년을 별러 모처럼의 여행을 떠날 수 있다면 그것으로 그 삶은 행복 자체인지도 안다.

* * *

소확행 행복론자들은 철학적이고, 합리적이고, '부(富)' 개념 혹은 '삶'의 의미를 현명하게 이해하고 있다. 그렇다면 소확행은 무조건 옳은가? 그렇지는 않다. 소확행에는 몇 가지 단서가 따른다.

첫째, 소확행 자체가 동서양의 오랜 철학에 뿌리를 두고 있듯이 소확행 행복론 역시 약간의 철학적 태도가 요구된다. 칸트에 의하면 인간이 자신을 남들과 비교하는 것은 타고난 본성이다. 따라서 인간은 흔히 타인과의 비교를 통해 자신의 행·불행을 결정한다.[6] 소확행은 이 타인과의 비교를 거부하는 것에서부터 출발한다. 타인과의 비교를 거부하는 것은 소확행의 대전제이자 기본 입장이다. 앞의 설명에서처럼 사실 타인과의 비교는 무의미하기도 하고 또 합리적이지도 않다.

그러나 죽음보다 강한 것이 어쩌면 본성이다. 따라서 진정한 소확행 행복론자가 되기 위해서는 본성을 이겨내고 철학으로 자신을 무장해야 한다. 철학 내용은 단순명료하다. '타인과의 비교는 끝이 없고, 타인과의 비교에서 행복한 이로 남을 수 있는 사람은 이 세상 단 한 사람도 없다'는 이성적 사실이다. 서양의 에피쿠로스가 아타락시아를 즐기고, 중국 위진남북조 시대의 문인 사조가 일상의 자연에서 지극한 행복을 느끼고, 조선의 성몽정이 강가 정자의 진정한 주인이 될 수 있었던 것은 바로 이 '타인과의 비교 거부'라는 철학이 확실하게 갖춰졌기 때문이었다.

둘째, 오늘만 소확행이 가능할 것이 아니라 내일도 소확행이 지속될 수 있도록 예비해야 한다. 산업사회에서는 누구나 자본주의의 분업화 시스템에 촘촘히 연결되어 있다. 그것은 곧 자본주의 시스템을 벗어나는 순간 그들이 가진 대부분의 능력이 무용지물화된다는 것을 의미한다. 그들이 가진 전문성 또는 쓰임

새가 모두 자본주의 시스템의 특정 부분에 고도로 최적화되어 있기 때문이다. 따라서 혹시라도 지금의 자본주의 시스템에서 배제되는 상황이 발생하면 다른 곳에서 그 특정 부분을 신속하게 찾아 빨리 자신을 다시 접속시켜야 한다. 그러지 못하면 그에게 주어지는 선택지는 단속적(斷續的)인 단순 노동의 기회뿐이다. 고위 공무원을 지냈든, 박사든, 특정 분야의 전문가든 누구나 관계없이 마찬가지다.

따라서 자본주의에서는 시스템에 접속되어 있는 동안에는 중산층이지만 접속이 해제되는 순간 적지 않은 이들이 빈곤층으로 수직 전락한다. 소확행은 글자 그대로 '작은' 행복을 추구하는 것이지만 어느 정도의 물질은 당연히 필요하다. 빈곤층으로 전락하면 이미 물질적 필요를 줄인 그 '작은' 행복이 불가능해질 수 있다. '소확행'과 비슷한 개념인 스웨덴의 '라곰(Lagom)', 덴마크의 '휘게(hygge)' 그리고 프랑스의 '오캄(Au calme)'과 같은 것들이 북유럽 또는 유럽에서 주로 등장하는 데는 이유가 있다. 이들 나라에는 수준 높은 복지제도로 사회적 안전판이 마련되어 있어 직장을 잃더라도 사람들이 빈곤 상태까지 이를 염려가 적기 때문이다. 실직하더라도 '작지만 확실한 행복' 정도 누리는 것이 가능하다는 이야기다. 우리나라의 사회적 안전판은 아직 안심할 단계까지는 아니다. 국가 복지제도가 충분치 않은 상태에서는 오늘의 알뜰 여행이 내일은 부담이 될 수 있고, 오늘 카페에서 즐기는 커피 한 잔도 내일은 사치가 될 수 있다. 소확행 행복론자는 오늘뿐만 아니라 내일도 소확행을 지속하는 데 문제가 없도록 미리 대비해야 한다.

신은 상당히 공평하다. 신은 인간 누구에게나 하루 24시간의 시간과 대체로 2미터 미만의 키, 100킬로그램 미만의 몸을 주었다. 이 시간과 몸 공간의 제약 속에서 우리는 노동을 하거나 쾌락을 즐긴다. 따라서 이 세상 모든 부를 다 소유하더라도 하루 24시간과 자신의 육체 공간 이상의 쾌락을 즐길 수 없고, 평생으로 따지더라도 시간적으로는 100년, 공간적으로는 자기 한 몸의 부피를 벗어날 수 없다. 어느 정도 이상의 부는 결국 군더더기이거나 심지어 짐이 될 수밖에 없는 이유다. 또 무료함이나 무감각이 될 수밖에 없는 이유다. 부는 자신의 주인된 이를 영원히 무한대의 행복으로 섬기고자 하나 사람의 시간은 너무 짧고, 사람의 공간은 너무 작고, 사람의 정신은 그리 오랫동안 맑지 못하다.

물질은 인간에게 두 가지로 작용한다. 하나는 쾌락이고 다른 하나는 족쇄다. 하루 24시간이 노동이나 지겨움의 고통, 아니면 휴식이나 놀이의 쾌락 중 어느 하나이듯, 인간에 대한 물질 역시 쾌락 또는 족쇄로 중간지대가 없다. 따라서 물질과 인간

사이에는 지배와 피지배가 성립한다. 물질이 인간을 위해 봉사하면 인간이 물질을 지배하며 그로부터 쾌락을 얻고, 인간이 물질을 위해 봉사하면 물질이 인간을 지배하고 물질은 인간에게 족쇄가 된다. 고급 가구로 멋지게 꾸며놓았지만 365일 앉아볼 일 없는 서재나, 들인 돈이 아까워 할 수 없이 주말마다 힘들게 찾아가는 전원주택이나, 비싼 명품들을 쌓아놓고 입고 차고 들고 갈 곳이 없어 애태우는 일이나, 몇 안 되는 식구에 대저택을 호화롭게 꾸며놓고 밤마다 그 텅 빈 큰 공간에 압도당하는 것은 모두 사람이 물질을 위해 봉사하고 있는 경우다. 많은 물질이 사람을 행복하게 하기는커녕 오히려 사람을 고통스럽게 하고 있다. 소확행 행복론자는 이들을 어리석다 생각한다.

* * *

어린 왕자는 네 번째 별에서 상인을 만난다. 그리고 밤하늘에 반짝이는 별값을 정신없이 계산하고 있는 상인에게 그 별을 가지고 무엇을 하려느냐 묻는다. 상인은 "하긴 무얼 해, 그걸 차지하는 거지"라고 대답한다. 어린 왕자는 별을 차지하는 것이 무슨 의미가 있는지를 묻는다. 상인은 "부자가 되는 것이지"라고 대답한다. 어린 왕자는 부자가 되는 것은 어떤 소용이 있는지를 묻는다. 상인은 "누가 새로운 별을 발견하면 그걸 또 사는 데 필요하지"라고 말한다.[7] 무한대의 '되돌이 함정'이다.

상인은 어린 왕자의 네 번째 별에만 살고 있지 않다. 우리 주변 곳곳에 살고 있고 나도 어쩌면 그들 중 한 명이다. 소유 자체가 삶의 목적이다. 거대한 소유로 무엇을 하려는지는 좀처럼 생각해보지 않는다. 그러다 어쩌다 자신의 삶을 인생이라는 거울에 비춰볼 때 이렇게들 말한다. 가족과 함께 행복한 시간을 보내기 위해서라고, 노후에 꽃도 심고 과일나무도 가꾸며 자연 속에서 살기 위해서라고, 친구들과 함께 즐겁게 여행하기 위해서라고. 어딘가 낯익은 이야기들 아닌가? 바로 소확행 행복론자, 당신이 지금 살고 있는 모습들이다. 산다는 것이 무엇인지를 곰곰이 따져보면 사실 이런 것들 말고 달리 궁극적으로 더 추구할 특별한 무엇이 있는 것 같지도 않다. 지금까지의 삶에서도 사실 그다지 특별한 무엇이 있지 않았던 것처럼.

07

근자감
허세와 긍정의 힘을 가르는 한 끗 차이

사실 따져보면 이 세상에 '근거 있는 자신감'은 그리 많지 않다.
자연은 인과관계적이라서 근거가 분명하지만,
사람 그리고 사람이 모인 사회는 그렇지 않기 때문이다.

2019년 대통령 신년 기자회견 뉴스가 내용
은 실종되고 난데없이 '근자감'이라는 신조어로 뒤덮였다. 대통
령이 발표한 경제정책에 대해 한 기자가 "그 자신감은 어디에서
나오는 것인지, 그 근거는 무엇인지 단도직입적으로 여쭙겠습
니다"라고 던진 질문 때문이었다. 권위주의 정부 시절이라면 기
자 본인도 '단도직입적으로'라고 말했듯이, 청와대 측에서 상당
히 도발적으로 받아들일 수 있는 질문이었다. 어쨌든 질문의 핵
심은 기자가 생각하기에 대통령이 발표한 경제정책이 그리 사

실에 입각하거나 논리적이지 않다는 지적이었다. 한마디로 '근자감'에서 나온 것 아니냐는 지적이었다.

신조어 '근자감'의 사전적 의미는 '근거 없는 자신감(confidence out of nowhere)'이다. 사실과 논리에 입각하지 않은 자신감이라는 이야기다. '근자감'은 '허세', 또는 현실을 인정하지 않고 자신을 정당화하는 '정신승리'와 같은 부정적인 의미로 많이 쓰인다. 그러나 '근거 없는 자신감', 즉 '근자감'은 부정적인 측면뿐만이 아니라 긍정적인 측면도 함께 있다.

고등학교 때 중간고사를 보는 날 아침, 한 친구의 눈이 토끼눈처럼 빨갰다. 얼굴도 피곤해 보였다. 물어보니 철야기도를 했다고 했다. 중간고사 전날 공부는 안 하고 철야기도를 하는 것이 말이 되느냐 물었더니 밤새워 기도했으니 성적이 잘 나올 거라는 답이 돌아왔다. 그 친구의 성적이 어떻게 나왔는지 자세히 기억나지는 않지만, 어쨌든 그 친구가 기대했던 그 정도의 성적은 아니었다. 요즘 말로 '근자감'의 결과였다.

서세동점(西勢東漸: 서양이 동양을 지배한다는 뜻으로 밀려드는 외세와 열강을 이르는 말)이 한창이던 20세기 초 중국대륙에서 황당한 일이 있었다. '청 왕조를 도와 서양 세력을 몰아내자'는 '부청멸양(扶淸滅洋)'을 기치로 내걸고 일어선 의화단의 주장이 그것이었다. 의화단은 의화권(義和拳)이라는 비밀결사에서 유래했는데, 이 모임은 권법, 봉술, 도술을 중심으로 하는 육체 단련과 종교활동을 겸한 단체였다. 의화단은 1900년 4월, 약 20만 명의 단원을 동원해 천진과 북경을 중심으로 의화단운동이라는 반외세 투쟁에 나섰다. 천진은 같은 해 7월 그리고 북경은 한 달 뒤인 8월 영국 등 제국주의 연합군에 의해 진압되었다. 진압 후 청 왕조와 11개 제국주의 국가들 사이에는 신축조약이라는 것이 맺어지고, 이 조약을 계기로 중국은 반식민지 상태로 전락한다.

그런데 이때 수련단체이자 종교단체인 의화단이 총과 포 등 신식무기로 무장한 제국주의 연합군을 상대로 용감하게 싸움에 나선 데는 별도의 특별한 배경도 함께 작용했다. 바로 100일 동안 권법을 익히고 주문을 외우면 물과 불에 다치지 않으며 창과 포탄을 피할 수 있고, 400일 동안 권법 수련과 함께 주문을 외우면 하늘을 나는 능력을 갖게 된다는 의화단의 믿음이었다.[1] 물론 전쟁에서 진 것을 보면 그런 일들은 일어나지 않았던 것 같고, 또 전하는 내용으로도 의화단 단원들이 총알과 포탄을 피했다거나 하늘을 날았다는 그런 사실은 없다. 황당한 '근자감'이었다.

중국대륙을 실질적으로 최초로 통일한 인물은 한 왕조를 세운 유방(BC247~BC195)이다. 앞선 진 왕조의 진시황제가 대륙을 최초로 통일하기는 했지만 그 역사가 14년 만에 끝나, 사실 진 왕조의 통일은 한 왕조 통일의 예비 단계적 성격이 짙기 때문이다. 한 왕조의 건국자 유방은 대륙의 주인 자리를 두고 다툰 경쟁자 항우(BC232~BC202)에게 모든 면에서 뒤졌다. 집안, 무공, 용맹성 등 어느 것 하나 나은 것이 없었다. 한미한 농사꾼 집안에서 태어나 배움도 없었고 부지런하지도 않았다. 굳이 내세울 것을 찾자면 낙천적인 성격과 터무니없는 꿈 정도였다.

그에 반해 경쟁자 항우는 요즘 말로 한마디로 엄친아였다. 춘추전국 시대 600년 내내 강성을 자랑했던 초나라의 명문 무인 집안 출신으로 그의 이름을 딴 표현 그대로 힘도 '항우 장사'였다. 거병 당시 나이도 24세로 유방에 비해 15년이나 젊었다. 그러나 항우는 현실적이었다. 먼저 천하를 통일한 뒤 자신의 본거지를 천하의 중심인 관중이 아닌 자신에게 익숙한 팽성으로 잡았다. 그에게는 금의환향(錦衣還鄕)이 중요했다. 팽성은 천하를 호령하기에 적절치 않은 변방이었다. 그리고 다시 시작된 유방과의 천하쟁투 중 항우는 해하 싸움에서 패한 뒤 권토중래(捲土重來), 즉 재기를 노리지 않고 자결로 삶을 끝내고 말았다. 8년 동안 70전 전승을 했던 모범생 엄친아 항우가 단 한 번의 패배를 견디지 못해 스스로 무너지고 만 꼴이었다. 이때 나이 31세이니 유방 같으면 아직 거병하기까지도 8년이나 남아 있을 때였다. 초한 쟁패의 결과는 결국 유방의 낙천적인 성격과 터무니없는 큰 꿈의 승리였다. 한마디로 '근자감'의 승리였다.

카이사르(BC100~BC44)는 전 유럽의 로마화, 즉 전 유럽에 문명의 씨앗을 퍼트린 인물이다. 카이사르는 그의 이름 자체가 '황제(Caesar: 시저, 카이저, 차르)'가 되었지만, 56년 생애 중 본격적인 정치 경력은 30세가 되어서야 시작됐다. 회계감사관으로였다. 회계감사관이 된 이듬해 카이사르는 스페인에 파견된다. 그런데 이때 그가 가진 부채가 1,300달란트였다. 당시 가치로 11만 명 이상의 병력을 1년 동안 유지할 수 있는 거금이었다. 친구들에게 베풀고 여자들에게 선물을 하고, 책을 사거나 자신을 꾸미기 위해 빌려 쓴 돈이었다.[2] 매우 낙천적인 성격이 아니면 도저히 할 수 없는 행동이었다.

영국 원정을 나갔던 47세 때는 프랑스 땅에서 5만이 안 되는 병력으로 베르킨게토릭스라는 인물이 이끄는 34만 명의 반란군과 대치해 끝까지 싸움을 포기하지 않고 버티다 상대방의 내부 분열로 승리를 거두었다.[3] 행운의 승리였다. 매우 긍정적인 인물이 아니었다면 얻을 수 없는 성과였다. 카이사르는 정계 입문 25년째가 되는 55세에 마침내 사실상의 황제가 된다. 카이사르는 낙천적이고 긍정적이었다. 기본적으로 '근자감'을 가지고 있었다.

* * *

    근자감은 둘로 나누어 볼 수 있다. 하나는 '허구적 근자감'
이고 다른 하나는 '태도적 근자감'이다. '허구적 근자감'은 지금
현재 우리 앞에 놓여 있는 '사실'과 관련된 근자감이고, '태도적
근자감'은 미래에 일어날 일에 대한 '태도'와 관련된 근자감이
다. 앞의 시험을 앞두고 철야기도로 성적을 올리려 한 것과 청
왕조 때 무술 단련으로 총알을 피할 수 있다고 자신했던 의화
단의 경우는 '허구적 근자감'에 해당한다. 시험 볼 내용에 대해
전혀 공부가 되어 있지 않다는 지금 현재의 '사실', 사람이 총알
보다 빠를 수는 없고 중력 때문에 사람이 맨몸으로는 날 수 없
다는 '사실'과 관련된 근자감이기 때문이다. 유방과 카이사르의
낙천적 성격은 '태도적 근자감'에 해당한다. 미래에 일어날 일에
대한 긍정적 '태도'와 관련된 근자감이기 때문이다.

    현재 존재하는 '사실'이 객관적으로 지금 당장 가져올 수 없
는 결과를 자신하는 것은 허세이자 정신승리다. 따라서 '허구적
근자감'은 부정적 측면의 근자감이다. 미래에 발생할 일에 대한
낙관적 '태도'는 비관적 '태도'에 비해 성공 확률을 크게 높인다.
낙관적 태도는 시도 자체를 있게 하고, 나아가 스스로에게 끊
임없이 모색하고 노력할 수 있는 동력을 제공하기 때문이다. 따

라서 '태도적 근자감'은 긍정적 측면의 근자감이다. '허구적 근자감', '태도적 근자감', 둘 다 '근거 없는 자신감'이지만, '허구적 근자감'은 사람을 퇴보시키고, '태도적 근자감'은 사람을 성장시킨다.

근자감은 종교와 많이 닮았다. 먼저, '믿음'을 갖는다는 것이 그렇다. 근자감은 자신을 믿고 종교는 신을 믿는다. 그리고 종교 역시 근자감과 같이 '허구적 믿음'과 '태도적 믿음'으로 나뉜다. '허구적 믿음'은 '허구적 근자감'과 같이 지금 자신 앞에 놓여 있는 '사실'과 관련된 믿음이다. 종교 역시 지금 당장 기대하는 '믿음'인 경우, 눈앞 '사실'의 인과관계에 근거하는 것이 아니라면 그 어떤 결과도 가져오지 못한다. 혹시라도 가져오는 일이 있다면 그것은 글자 그대로 '기적'인 경우다. 기적은 당연히 일반적이지 않다.

'태도적 믿음'은 '태도적 근자감'과 같이 미래에 일어날 일에 대한 '태도'와 관련된 믿음이다. 미래에 일어날 일에 대해 자신의 기도를 신이 반드시 들어줄 것이라고 믿는 태도는 아무 믿음도 없는 경우에 비해 그 일이 이루어질 확률을 크게 높인다. 앞의 낙관적 태도처럼, 그 믿음이 지속적인 간절한 기도와 함께 밤낮으로 끊임없이 방법을 모색하게 할 것이기 때문이다. 따라서 근자감이나 종교 모두 미래에 일어날 일에 대한 자신의 태도와 관련된 믿음이라면 '긍정적 근자감', '긍정적 믿음'이 되겠지만, 지금 현재의 사실적 근거가 없는 기대에 대한 믿음이라면 그것은 허구로, '자기 기만적 근자감', '실망으로 끝나기 쉬운 믿음'이 된다.

* * *

사서 중 하나인《대학》에서는 군자가 되기 위한 8단계를 제시하면서 마지막 단계인 '평천하'를 먼저 말하고 차례대로 첫 단계인 '격물'까지 역으로 언급한다. 그러면서 이 내용 바로 앞에 '만물은 근본(本)과 말단(末)이 있고, 사람의 일에는 끝(終)과 시작(始)이 있다. 먼저 하고 나중에 할 바를 알게 되면 도에 가까워진다'[4]라고 말하고 있다. 바로 사람이 일을 할 때는 그 끝(終), 즉 '목적'을 먼저 정하고 그러고 난 다음 일에 착수해야 한다는 의미다. '허구적 근자감'은 현재의 사실과 관련해 결과를 자신하는 것이고, '태도적 근자감'은 미래에 이룰 목적이 먼저 있고 그 목적 달성을 향해 자신감 있는 태도를 갖는 것이다. '태도적 근자감'은《대학》이 의미하는 일 처리 방식에 합당하다.

인본주의 심리학(humanistic psychology)에서는 인간의 자유의지와 자아실현에 대한 욕구를 강조한다. 자유의지와 자아실현에서는 무엇보다도 목표 설정과 자기 자신에 대한 긍정, 즉 자신감이 필수다. 자본주의 사회에서 사업가와 직장인의 가장 근본적인 차이는 돈이나 학벌, 지식, 심지어 머리의 영민함이 아니다. 목표 설정과 함께 자기 스스로를 믿는 자신감을 가지고 있느냐 없느냐의 여부다.

사실 사업에서만 그런 것이 아니다. 인간 행위의 대부분 영역에서 그렇다. 초기의 작은 목표와 자신감이 가까스로 작은 성과를 만들어내고, 그 성공 경험으로 좀 더 큰 목표와 자신감을 가지고 좀 더 큰 성과를 만들어내고, 그런 성공 경험들이 축적되면서 미약한 시작이 창대한 결과를 만들어낸다. 단계적 성공 경험이 능력을 확장하고 잠재능력을 최대한으로 끌어내기 때문이다. 아무리 많은 지식과 좋은 머리를 가지고 있더라도 목표 설정과 그 목표에 대한 자신감이 없으면 출발 자체가 있을 수 없으니 창대한 결과도 당연히 있을 수 없고, 잠재능력 발휘도 있을 수 없다. 이때의 자신감이 바로 '태도적 근자감'이자 '긍정적 근자감'이다.

공자는 《논어》에서 "중도적인 사람과 함께할 수 없다면 결국 광자나 견자밖에 없다. 광자는 지나치게 적극적인 사람이고 견자는 지나치게 소극적인 사람이다"[5]라고 말한다. 맹자는 "광자를 얻을 수 없다면 불결한 것을 달갑게 여기지 않는 이와 함께

한다. 그것은 바로 견자이니, 견자는 광자 다음이다"[6]라고 말한다. 현실에서 균형 잡힌 사람을 찾기 어렵다면 먼저 광자를 선택하고, 그 다음 견자를 선택할 것이라는 이야기다.

세상에 균형 잡힌 이는 드물다. 대부분 넘치거나 부족하다. 그렇다면 넘치거나 부족한 이들 중 어느 쪽이 더 나을까? 맹자는 넘치는 쪽이라고 했다. 말이 앞서기는 하지만 그래도 행동에 나서는 이이기 때문이다. 아예 행동에 나서려 하지 않는 이보다는 말이 좀 앞서더라도 행동에 나서는 이가 더 낫다는 이야기다. 바로 자신감이 없고 소극적인 이보다 '근거 없는 자신감'이라 할지라도 자신감을 갖고 적극적으로 나서는 이가 더 낫다는 입장이다.

일반적으로 사람은 어릴수록 발전 속도가 빠르다. 그것은 바로 '근거 없는 자신감', '근자감' 때문이다. 어린아이는 무엇이 가능하고 무엇이 불가능한지에 대한 분별이 없다. 그냥 될 것이라 여기고 끊임없이 반복한다. '태도'가 절대순수 긍정이다. 그러다 어느 순간 걷기 시작하고 말을 하기 시작하고 글자를 익힌다. 그래서 세상에 천재 아닌 어린아이는 없다. 어른은 그 반대다. 심지어 '해보지 않았던 것'과 '할 수 없는 것'을 동일시하기까지 한다. 이 정도 되면 근자감은커녕 합리성도 상실한 상태다. 이런 상태에서 발전, 성장이 있다면 그것이 오히려 이상한 일이다.

'근자감'은 '근거 없는 자신감'이다. 사실 따져보면 이 세상에 '근거 있는 자신감'은 그리 많지 않다. 자연은 인과관계적이라서 근거가 분명하지만, 사람 그리고 사람이 모인 사회는 그렇지 않기 때문이다. 그렇다면 지금까지 어느 한 사람이, 어느 한 사회가 이루어낸 성과는 무엇에 의한 것일까? 그것은 결국 불확실한 미래에 대한 개인 그리고 한 사회의 자신감에 의한 것이다. 그리고 그 자신감은 사실 따지고 보면 상당 부분 '근거 없는 자신감(근자감)'일 수밖에 없다. 확신할 수 없는 미래이기 때문에 결과를 장담할 수 없고, 인과관계적인 자연 아닌 사람의 일이기 때문에 무엇이 어떤 결과를 가져올지 확실치 않다. 그러나 '근자감' 중 '허구적 근자감'은 여기에 해당하지 않는다. '허구적 근자감'은 허세이고 정신승리일 뿐이다. 우리에게 필요한 것은 '태도적 근자감'이다. 미래 지향적인 '태도적 근자감'.

08

국뽕
나라 사랑의 근거

'국뽕'은 정도의 문제이지 사실 어느 사회, 어느 국가에나 존재한다.
사회와 국가는 최소한의 통합이 필요한데,
현실적으로 구성원의 이성적 인식에만 기대서는 한 사회, 한 국가의 통합이 쉽지 않다.
또 설령 그것이 가능하다 할지라도 번거롭고 비용이 많이 든다.
그래서 사회, 국가는 국뽕 조장과 같은 구성원의 감성과 관계되는 수단을 함께 동원한다.

우리나라 역대 흥행 1위 영화는 〈명량〉이다. 2014년 8월 개봉해 총 관객수 1761만 명을 기록했다. 영화 〈명량〉의 소재 그리고 주제는 사실 뻔하다. 뻔하다 못해 진부하기까지하다. 대한민국 국민이라면 누구나 짐작할 수 있는 소재이고 주제다. 호기심은 콘텐츠 흥행의 주요 요소 중 하나다. 소재와 주제가 누구나 알 만한 것이라면 흥행이 쉽지 않다. 감독과 시나리오 그리고 주연 배우 삼박자가 모두 잘 갖추어졌다 할지라도 이런 대흥행까지 기대하기는 힘들다. 많은 이들이 영화 〈명량〉이 크게 성공한 주요 원인 중 하나로 '국뽕'을 꼽는 이유다.

1995년 초연된 뮤지컬 〈명성황후〉는 우리나라 뮤지컬의 역사이자 공연 한류를 이끈 선구자다. 초연 이후 수차례의 다양한 수상과 함께 뮤지컬의 본고장인 뉴욕 브로드웨이 진출 등 많은 성과를 거두었다. 그리고 특히 국내 창작 뮤지컬 최초로 공연 1,000회, 관객 100만 명 돌파라는 대기록을 달성했다.

왕정 시대 왕을 비롯한 최상층 지배자들은 땅과 백성에 대한 사실상의 무한 지배권과 함께 무한의 책임을 갖는다. 뮤지컬의 주인공 명성황후(1851~1895)는 남편인 고종 이상의 실력자였다. 그런 명성황후를 비롯한 대원군, 고종은 20세기 일제에 의한 이 땅의 역사 단절과 민중들의 고통에 가장 큰 책임을 갖고 있는 이들이다. 역사적 진실을 직시한다면 '국모' 운운하며 〈명성황후〉를 그냥 한 편의 뮤지컬로 그렇게 마음 편히 감상할 수 없다. 공연 1,000회, 관객 100만 명의 흥행 배경에는 적잖게 '국뽕'이 작용했다고 볼 수밖에 없다.

코로나19 상황에 대한 K-방역에 난데없이 '국뽕' 논란이 일었다. K-방역 관련 우리 스스로에 대한 자체 평가가 지나치다는 지적이다. 지적의 근거는, 미국이라든가 유럽 주요 국가들에 비교하면 K-방역 성과가 성공적이라 할 수 있지만 싱가포르와

대만 등 아시아 국가들에 비하면 꼭 그렇다고 볼 수 없고, 의료 산업 종사자와 일선 공무원들의 희생이 간과되었다는 것이다. 코로나19 상황 이후 자신이 국가로부터 보호받고 있다는 느낌을 갖게 되고, 대한민국의 국민인 것을 다행으로 생각하는 사람들이 과거보다 훨씬 많아졌다. 이런 사람들의 인식 변화는 때마침 있었던 총선을 통해서도 드러났다. 혹시라도 사람들의 이런 태도 변화를 '국뽕'이라 한다면 그런 국뽕은 아무리 지나쳐도 나쁘지 않다.

* * *

'국뽕'은 '국가'와 '히로뽕'의 합성어다. '국가에 취한 상태', 즉 '국가에 지나치게 자부심을 갖는 현상'을 말한다. 자기 나라가 최고라든가, 국가가 하는 일이라면 무조건 옳다고 생각한다든가, 국가와 자신을 동일시한다든가 하는 경우다.

'국뽕'은 정도의 문제이지 사실 어느 사회, 어느 국가에나 존재한다. 사회와 국가는 최소한의 통합이 필요한데, 현실적으로 구성원의 이성적 인식에만 기대서는 한 사회, 한 국가의 통합이 쉽지 않다. 또 설령 그것이 가능하다 할지라도 번거롭고 비용이 많이 든다. 그래서 사회, 국가는 국뽕 조장과 같은 구성원의 감성과 관계되는 수단을 함께 동원한다. '국뽕' 조장을 주도하는 주체는 대체로 국가다. 그리고 권위주의적인 국가일수록 국뽕 조장을 더 강하게 그리고 더 자주 동원한다.

국뽕을 조장하는 수단은 크게 나눠 세리머니(ceremony)와 콘텐츠다. 세리머니는 매일같이 국기 하강식 때 온 국민이 생업을 멈추고 일어서서 국기에 대한 경례를 하게 하거나 어두컴컴한 실내에서 영화가 상영되기 전 애국가를 듣는 것, 대중 동원으로 거대한 카드 섹션을 하거나 매스 게임(mass game) 또는 퍼레이드를 하는 것, 매일같이 신사참배를 하게 하는 것과 같은 것들이다. 콘텐츠로 국뽕을 조장하는 대표적인 수단은 교과서다. 역사적 사실을 선택적으로 싣거나 사실을 과장하고 왜곡하거나 또는 남의 나라 역사를 자기 것으로 갖다 붙이는 방식으로 교과서를 꾸미는 식이다. 그외 콘텐츠 수단은 익히 알 수 있는 것과 같이 영화, 스포츠, 연극 등 다양한 문화 콘텐츠들이다.

국뽕 조장의 최고봉은 다름 아닌 신화다. 그중에서도 건국신화다. 어느 민족, 어느 국가든 민족신화 또는 건국신화에서 하늘이 내리지 않는 민족, 하늘의 특별한 보호를 받지 않는 나라가 없다. 이스라엘 민족뿐만이 아니라 이 세상 모든 민족, 모든 국가가 각자 신의 선택을 받고 신의 가호 아래 있다. 모든 민족이 선민(選民)이다. 심한 경우 지금 우리 눈앞에서 태어나고,

죽고, 밥 먹고, 생리 작용을 하는 이를 신의 직계 자손 또는 신 자체라 주장하기도 한다. 신화를 주장할 수 없을 정도의 신생 국가는 하다못해 개척 시대를 배경으로 한 어떤 어려움도 해결하는, 신과 같은 전지전능한 인간상을 창조해내기도 한다. 모두 '국뽕'을 위한 작업들이다.

* * *

그렇다면 현실적으로 어느 정도 인정할 수밖에 없는 '국뽕'이 지니는 문제는 무엇일까?

첫째, 글로벌 경제 환경에서 상품의 판매 시장을 제한할 수 있다. 오늘날 상품의 생산과 소비는 글로벌 차원에서 이루어진다. 지나친 자국 우월주의 내지 자기 미화라 할 수 있는 국뽕은 다른 나라, 특히 역사적 관련이 깊은 이웃 나라에 판매는커녕 반발만 불러일으킬 수 있다. 중국이 만든 영화에 중화주의 사상이 과도하게 깃들어 있다든가 일본에서 만들어진 영화에 욱일기로 상징되는 일본의 제국주의가 깃들어 있다면 그런 상품을 환영할 나라는 없다. 마찬가지로 미국에서 만든 영화에 미국의 패권주의가 지나치게 짙게 배어 있다면 그 영화 역시 다른 나라에서 환영받을 수 없다.

둘째, 지나친 국뽕은 국가 간 갈등을 불러일으킬 수 있다. 역사는 기본적으로 자국 중심적이다. 자국의 모든 역사가 객관적 사실이라고 주장하려면 가장 먼저 신화부터 없애고 난 다음이어야 한다. 자국 중심주의 역사는 어느 나라나 사회 통합을 위해 어느 정도 불가피하다. 그렇지만 그 국뽕의 정도가 사실을 벗어나거나, 특히 이웃 나라와의 역사적 사실을 부정하고 왜곡하는 수준까지 간다면 그것은 국뽕의 허용치를 벗어난 경우다.

셋째, 국뽕의 대상을 헷갈리는 경우가 많다. '나라'와 '정권'과 '위정자'를 헷갈린다. 대통령이 죽은 것을 나라가 무너진 것처럼 여기거나, 국가에 충성을 한다고 하면서 국가 아닌 특정인에게 전적으로 복종하는 것이 그런 경우다. 그것은 아직도 사람들의 뇌 속에 왕정 시대 유전자가 강하게 남아 있기 때문이다. 왕정 시대 '왕'과 '나라'와 '정권'은 사실상 동일체였다. 특정인에 대한 무조건적 집착을 나라를 구하는 것으로 여기고, 특정 정권에 대한 무조건적 지지를 애국이라고 생각한다면 그것은 몸은 공화정 시대에 있지만 사고는 여전히 왕정 시대에 머무르고 있는 경우다. 국뽕을 한다면 '국가+히로뽕'의 원래 의미처럼 그 대상은 당연히 '국가'여야지, 임시적인 '정권' 또는 대리인인 '위정자'는 아니다. 그리고 민주공화국에서 '국가'의 실체는 사람들이 살고 있는 '지리적인 땅'과 '그 땅의 국민들'이다.

넷째, 어느 나라나 국뽕이 존재하지만 약소국과 강대국 간 국뽕의 목적과 효과는 크게 다르다. 약소국이 국뽕을 조장한다면 그것은 국제사회에서 제대로 된 독립 국가로 서기 위한 것이지만, 강대국이 국뽕을 조장하면 그것은 곧 이웃 나라에 대한 위협, 나아가 침략으로 발전할 소지가 있다. 제1차 세계대전이 끝난 뒤 전후 처리 과정에서 미국의 윌슨 대통령은 민족자결주의를 제안한다. 민족자결주의는 글자 그대로 '피지배 민족에게 자유롭고 공평하고 동등하게 자신들의 정치적 미래를 결정할 수 있는 자결권(自決權)을 인정해야 한다'[1]는 의미다. 국제사회에서 약소국도 하나의 독립된 국가로서 제대로 설 수 있도록 해야 한다는 것이다. 우리나라의 3·1운동에도 영향을 미친 그 민족자결주의다. 약소국의 국뽕은 민족자결주의와 닮았다. 약소국이 국뽕을 강화한다면 그것은 민족자결주의와 같이 국제사회에서 독립 국가로 존속하기 위해서다.

반면, 힘을 가진 강대국이 국뽕 조장에 열심이라면 그것은 파시즘·나치즘이라는 괴물로 발전할 위험을 내포한다. 파시즘·나치즘은 권위주의·국수주의·배타주의적 정치사상이다. 그리고 그 주요 수단은 국민의 '먹고사는 문제 해결' 만능주의와 반합리주의(anti-rationalism)로의 광신화다. 권위주의는 전체주의로 국민 생활의 모든 부분을 통제하는 것이고, 국수주의는 자기 민족 또는 자기 국가는 특별하고도 우월한 존재임을 강조해 무조건적 내부 단결을 노리는 것이고, 배타주의는 국수주의를 통한 내부 통합에 더해 외부를 배타하거나 희생양으로 삼아 더욱 강력한 내부 일체화를 기도하는 것이다. 무솔리니의 국수주의는 고대 로마 영광의 재현이었고 배타 대상은 공산주의였다. 히틀러의 국수주의는 게르만 민족의 우월성 신화였고 그 희생양은 유대인이었다. 히로히토의 국수주의 중심은 천황 신앙이었고 희생양은 조선을 비롯한 아시아 국가들이었다. 국수주의가 내부적 국뽕 조장이라면 배타주의는 외부적·공격적 국뽕 조장이다. 약소국의 국뽕은 내부적 국뽕에 그치지만 강대국의 국뽕은 외부적·공격적 국뽕으로 확대된다. 외부적·공격적 국뽕의 궁극은 국가 차원의 집단 광신적 외부 침략이다.

국뽕은 기본적으로 내부적 국뽕과 외부적·공격적 국뽕으로 나눌 수 있고, 내부적 국뽕은 다시 사실에 근거한 국뽕과 허구·왜곡·오도에 의한 국뽕으로 나누어 볼 수 있다. 이 글 앞에서의 영화 〈명량〉은 역사적 사실에 바탕을 두면서 여기에 작가의 상상력을 더한 팩션(faction: fact+fiction)으로, 기본적 줄거리는 역사적 사실에 근거하고 있다. 따라서 1761만 명 관람이라는 대기록의 일정 부분이 국뽕에 의한 것이라면 그것은 내부적 국뽕이고 사실에 근거한 국뽕이라 할 수 있다.

뮤지컬 〈명성황후〉 스토리는 역사적 사실에 근거를 두고 있다. 따라서 내부적 국뽕이고 사실에 근거한 국뽕이다. 그러나 그 역사적 사실에는 사람들이 자칫 놓치기 쉬운 인식의 착오가 존재한다. 1894년 갑오농민운동이 일어났을 때 조정은 청과 일본의 군대를 불러들여 농민들을 탄압했다. 즉 대결 구도가 '조선 민중 대(對) 조선 조정+청+일본'이었다. 조선 민중의 입장에서는 청과 일본만이 아니라 외세를 불러들여 자신의 백성 살육에 나선 조정 또한 같은 편일 수 없다. 조정 입장에서의 우선순위는 이 땅과 이 땅 민중들에 대한 그들의 지배권 유지이지, 이 땅의 민중과 이 땅을 외세로부터 지키는 것이 아니었다. 그때의 왕비가 바로 명성황후였다.

뮤지컬 〈명성황후〉는 역사적 사실에 근거하고 있지만, 그 사실 전후 맥락까지 포함한 종합적인 역사 인식은 간과 내지는 오도하고 있는 셈이다. 따라서 뮤지컬 〈명성황후〉는 정확히 말하면 내부적 국뽕이고, 역사적 사실에 중요한 인식 착오가 더해진 오도된 국뽕이라 할 수 있다. 중요한 역사적 분기점이었던 당시 상황을 종합적으로 인식해도 그렇고, 근대화에 실패한 당시 지배세력의 책임 측면에서도 그렇고, 더구나 지금 민주주의 시대를 살고 있는 민주주의 시민의 관점에서는 더욱 그렇다.

K-방역 관련 우리나라에 대한 칭송은 우리나라, 특히 정부

가 자가발전시킨 것이 아니다. 주요 선진국들에서 먼저 시작되었다. 특히 미국의 트럼프는 어떤 의도에서였든 K-방역을 기회 있을 때마다 언급했다. 그것은 K-방역이 코로나19 상황 대처에 중요한 국제 기준으로 인식되고 있다는 의미다. 아직 코로나19 상황이 진행 중이어서 섣불리 장담할 수는 없지만, 주요 선진국들이 K-방역을 높이 평가하고 또 K-방역 시스템을 배워가는 만큼 최소한 지금 현재까지 K-방역이 우수하다는 것은 객관적 사실이다. 따라서 K-방역에 대한 자부심은 사실에 근거한 국뽕으로 지금 현재 상황으로 정부나 국민 모두 충분히 자긍심을 가질 만하다. 그리고 혹시라도 K-방역 관련 의료진이나 일선 공무원들에게 정부 차원에서나 국민 차원에서 소홀한 부분이 있다면 그것은 당연히 시정되어야 한다.

'국뽕'의 반대 의미인 유행어로 '국까'가 있다. '국가'와 '까다'의 합성어로, '국뽕'과 반대로 자기 나라를 비합리적으로 비난하거나 혐오하는 태도를 말한다. 유행어로 말하자면, 우리나라는 역사 내내 '국뽕'보다는 '국까' 쪽이었다. 바로 '사대주의(事大主義)'가 그것이다. 근대화 이전까지는 중국은 높고 우리는 낮고, 근대화 이후로는 서양 또는 미국 그리고 일본은 높고 우리는 낮았다. 특히 근대화 이후 일본은 우리에게 넘을 수 없는 벽이었다. 꼭 우리를 낮춰 봐서 그런 것이 아니라 상당 부분 사실이 그렇기도 했다.

그런데 언제부터인가 국뽕이 조금씩 머리를 내밀기 시작했다. 싸이의 〈강남스타일〉이나 김연아 선수 또는 삼성전자 때문이 아니었다. 바로 해외여행의 보편화로 사람들이 우리나라를 객관적으로 볼 수 있는 기회를 갖게 되면서였다. 언제부터인가 세계 어딜 가더라도 인프라에 있어 우리나라보다 잘 되어 있는 나라를 찾아보기 힘들어졌다. 깨끗하고 편리한 교통 시스템, 어디서나 쉽게 찾을 수 있는 공중화장실, 빠른 인터넷 환경 등 어느 나라에 비해도 뒤지지 않았다. 사람들은 우리나라의 인프라를 자랑스럽게 생각하기 시작했다. 이제 아쉽다면 소프트웨어였다. 진정한 민주주의 그리고 시민의식과 같은 것들.

그런데 언제부턴가 우리나라 민주화 투쟁의 역사가 다른 나라 시민들의 민주화 또는 시민운동의 전범(典範)으로 활용되기 시작했다. 바로 2017년 촛불 항쟁을 거치면서였다. 사람들은 인프라에 더해 우리나라의 민주주의에 대해서도 자긍심을 갖기 시작했다. 그리고 2020년 코로나19 팬데믹 상황을 맞았다. 세계적으로 동시 진행되는 팬데믹 속에 정부는 적극적이고 헌신적으로 그리고 투명하게 방재에 나섰고, 시민들은 정부 정책에 호응해 자발적으로 적극 협조했다. 주요 국가들 중 그런 정부를 찾기 힘들었고 또 그런 시민들을 찾기 쉽지 않았다. 정부는 시민들의 협조에 감사해했고 시민은 정부의 헌신적인 국민 보호에 고마워했다. 민주주의에 이어 시민의식도 우리가 결코 그렇게 낮은 것이 아니었다. 스스로 저평가했던 우리의 소프트웨어 중 상당 부분의 실체가 위기상황 속에서 예전의 '사대주의'처럼 '국까'였음이 드러났다. 누가 뭐라 할 것도 없이 사람들은 자연스럽게 인프라에 이어 민주주의 그리고 시민의식에 이르기까지 자긍심을 갖게 되었다.

1970·1980년대 집에 손님이 찾아오면 상차림이 지나치게 과했다. 최대한으로 여러 가지 많은 음식을 차려냈다. 학부모가 선생님을 만날 일이 있어 학교라도 갈라치면 옷 걱정부터 먼저 했다. 입을 만한 변변한 옷이 없어 그렇기도 했지만 평소와 달리 무엇인가 차려입어야 한다는 생각 때문이었다. 지금은 그렇지 않다. 집에 손님이 찾아오면 그날의 테마 음식 중심으로 간결하게 차려낸다. 옷차림도 마찬가지다. 결혼식과 같은 특별한 세리머니가 아니면 평상복 또는 최소한의 예의를 차리는 정도다. 국뽕은 70·80년대 어렵던 시절의 상차림, 옷차림을 많이 닮았다. 물질 등 여러 가지로 결핍이 많아 타인의 시선을 지나치게 의식했던 그 할아버지·할머니 세대의 과잉 대접과 과잉 반응을.

대한민국은 이제 경제적·정치적·문화적으로 국제사회를 선도하는 입장이다. 가만히 있어도 많은 나라가 교류하기를 원하고, 배우기를 희망하고 또 부러워하는 국가다. 특별히 국뽕을 필요로 할 일이 없다. 혹시라도 필요하다면 그것은 사실에 입각한 국뽕이지 허구·왜곡·오도에 의한 그런 국뽕은 아니다.

09

랜선
환상적이지만 외로운 공간

'랜선'은 새로운 경험 영역을 의미하기도 하지만
기존 영역에 대한 새로운 규정 형식의 의미도 갖는다.
'랜선 집사'나 '랜선 이모', '랜선 삼촌'과 같은 신조어가 바로 그런 경우다.

2021년 1월 MBC에서 방영된 VR(Virtual Reality: 가상현실) 다큐멘터리가 전국의 시청자를 울렸다. 2020년 2월 방송된 〈너를 만났다〉 시즌1에 이은 시즌2 '로망스'는 4년 전 세상을 떠난 아내를 남편이 가상현실에서 만나는 내용이었다. 14년간 부부의 연을 함께했던 아내는 남편과 눈에 넣어도 아프지 않을 어린 다섯 자녀를 남긴 채 암으로 세상을 떠났다. '아내의 그림자라도 보고 싶은' 남편은 방송국의 섭외에 응하고 마침내 오랜 시간 준비 끝에 완성된 방송국의 VR 체험 스튜

디오에 들어선다. 그리고 HMD(Head Mounted Display: 머리 장착 영상 표시기)를 통해 아내를 만난다. HMD를 통한 가상공간에서 남편은 아내와 얼굴을 마주하고, 아내의 손을 잡고 춤을 추고, 아내와 함께 추억의 숲을 찾는다.

사실 나는 이 프로그램의 도입 부분을 보다 TV 채널을 돌렸다. 14년간 한 이불 속에서 살을 맞대던 아내를 떠나보낸 남편과 아직 엄마의 보호가 필요한 미성년의 다섯 자녀가 느낄 그 심연의 슬픔을 도저히 함께할 자신이 없어서였다. 방송이 나가고 며칠 지난 뒤 이 글을 준비하면서 나는 서재에서 혼자 유튜브로 방송 내용을 보았다. 최대한 감정이입을 하지 않으려 애쓰면서. 수많은 시청자들이 댓글을 달았다. '나도 아빠 보고 싶다… 아빠한테 하고 싶은 말 있는데. 그게 마지막이 될 줄 몰랐는데…', '이게 도움이 될까. 더 가슴이 미어지는 게 아닐까' 등등. 가상현실의 만남에서, 아내를 먼저 떠나보낸 남편과 다섯 아이들만 가슴이 미어지는 것이 아니었다. 가상의 만남을 지켜보는 전국의 시청자들도 함께 가슴이 미어지고 터져 나오는 울음을 애써 눌러 삼키느라 힘들었다.

더 이상 이 세상에 존재하지 않는 사랑하는 이와의 '가상현실' 만남으로 많은 사람들을 울렸던 일이 30년 전에도 있었다. 많은 사람 정도가 아니라 지구상의 전 세계인을 울린 '가상현실' 만남이었다. 지금이 과학기술을 통한 '가상현실' 만남이라면, 30년 전 만남은 픽션이긴 하지만 심령술을 통한 '가상현실' 만남이었다. 바로 1990년 개봉한 패트릭 스웨이지(영화에서 샘 역할)와 데미 무어(영화에서 몰리 역할) 주연의 영화 〈사랑과 영혼(Ghost)〉이 그것이었다.

영화의 대체적인 줄거리는 이렇다. 연인 사이인 샘과 몰리가 어느 날 길을 걷다 강도를 만나 샘이 죽는다. 샘의 영혼은 천상 세계로 가지 못하고 몰리의 주위를 배회한다. 샘을 잃은 몰리는 슬픔에 빠지고 샘의 직장 동료이자 친한 친구였던 칼이 그녀를 위로한다. 이 과정에서 샘의 영혼은 자신의 죽음 배경에 칼의 음모가 있었던 것을 알아채고, 칼이 몰리에게 접근하는 것도 몰리를 위험에 빠트리기 위한 것이라는 사실을 알게 된다.

샘의 영혼은 영매사(靈媒師)인 우피 골드버그(영화에서 오다매 역할)를 찾아가 자신의 영혼과 몰리와의 연결을 부탁한다. 그리고 오다매의 몸을 빌려 영혼인 자신이 오다매의 몸 속으로 들어가 마침내 몰리에게 진실을 알린다. 몰리가 오다매의 몸을 통해 샘의 영혼을 느끼는 장면에서 이 영화의 주제곡 〈Unchained Melody〉가 흘러나온다. 샘이 세상을 떠나기 전 둘만의 가장 행복했던, 바로 그 유명한 도자기 물레 돌리는 장면에서 나왔던 그 노래다. '난 당신의 손길이 너무나 그리웠어요(I've hungered for your touch)'라는 가사에 이르러 사람들은 눈물샘을 터트리고 만다. 서로 마음껏 만지고 느끼면서 상대에게 사랑을 전할 수 있었던 때와 이제 두 번 다시는 서로 만지고 느낄 수 없는 안타까운 현실이 대비되면서 감정이입된 관람객들의 눈물샘이 폭발하고 만 것이다.

* * *

'랜선'은 신조어 유행어이자 구어(舊語) 약어이기도 하다. 유행어로서의 신조어 '랜선'은 '현실 세계에서의 만남이 아닌 가상 세계에서의 만남'을 뜻한다. 그리고 원래의 의미인 약어로서의 구어 '랜선'은 '랜(LAN)'과 '선(線)'의 합성어로, 먼저 '랜(LAN)'은 'Local Area Network'의 영문 머리글자로 '근거리통신망'을 말한다. '근거리통신망(LAN)'은 '정보·통신 사무실이나 연구실, 건물, 공장 따위와 같이 제한된 지역 내에 분산 배치된 컴퓨터를 비롯한 각종 정보통신 기기를 통신 회선으로 연결하여 정보를 교환하는 정보통신망'이다. 그리고 '선(線)'은 글자 그대로 '선'을 말한다. 단순한 의미의 '근거리통신망 선(線)'인 '랜선'이 새로운 사회적 의미의 유행어가 된 배경은 그리 어렵지 않게 추측해볼 수 있다.

길게는, 우리 삶의 거의 전 영역에 걸친 인터넷화로 사람들이 대하는 상황이나 정보 근원이 '현실 세계'가 아닌 '가상공간'인 경우가 많아졌고, 가깝게는 코로나19의 세계적 유행으로 여가 활동은 물론 생산활동까지 사람들의 활동들이 '현실공간'에서 '가상 세계'로 최대한 옮겨갔기 때문이다. 현실공간을 벗어나서는 불가능하리라 생각했던 영역까지 가상공간에서 빠른 속도로 자리 잡아가면서 그런 현상을 적절하면서도 센스 있게 나타내는 새로운 개념이 필요했다. 이런 사회적 분위기에 맞춰 등장한 새로운 유행어가 바로 '가상 세계에서의 만남' 또는 '가상 세계에서의 활동'을 의미하는 '랜선'이다. 앞 MBC의 〈너를 만났다〉 프로그램은 전형적인 '랜선 재회'이고 〈사랑과 영혼〉 역시 픽션이기는 하지만 '랜선 재회' 부류라 할 수 있다.

서울 시내 모 대학교 최고경영자 과정에서 졸업식 특강 요청을 해왔다. 코로나19 팬데믹 상황에서도 대면 졸업식을 하는구나 하고 생각하고 강의를 준비해 약속 일시에 식장에 도착했다. 도착해 보니 과정 수료자 중 일부만 참석하고 나머지는 온라인으로 참석하는 졸업식이었다. 오프라인과 온라인 양쪽 모두를 의식하면서 강의를 해야 했다. 그런데 강의가 끝나고 난 뒤 들어보니 이 최고경영자 과정만 간단하게라도 대면 졸업식을 하고 일반 학부와 대학원 등 학교 전체적으로는 모두 비대면 졸업식이었다. 한마디로, 인터넷으로 이루어지는 '랜선 졸업식'이었다. 새학기 입학식 역시 온라인 방식으로 진행하는 '랜선 입학식'이었다.

졸업식, 입학식만 '랜선'으로 이루어지는 것이 아니다. 결혼식도 랜선으로 이루어진다. 코로나19는 결혼을 계획한 청춘남녀들을 힘들게 했다. 조금 지나면 상황이 나아지리라 생각하고 몇 차례나 결혼식을 연기하는 과정에서 경제적으로 적지 않은 피해를 보고 심리적으로도 지친 이들 예비 신혼부부들을 위한 해결책이 있었으니 바로 '랜선 결혼식'이었다.

'랜선 결혼식'은 결혼식 식장에 신랑, 신부, 사회자 그리고 촬영 기사 등 결혼식 진행에 꼭 필요한 최소 인원만 참석하고, 양가 부모를 비롯한 가족, 친구, 직장 동료 및 지인들은 모두 각자 자신이 있는 곳에서 영상으로 참석하는 결혼 예식 방식이다. 결혼식은 유튜브를 통해 생중계로 전달되고 양가 부모를 비롯한 신랑 신부의 지인들은 식장에 설치된 대형 스크린의 작은 화면들을 통해 신랑 신부에게 축하 영상과 메시지를 전달한다. 실시간 양방향 다원 생중계로 진행되는 '랜선 결혼식'이다. 불가피하게 선택한 대안 예식이긴 하지만 어딘가 세련되고 시대 흐름과도 어울려 모던한 느낌마저 준다. 하긴 최근 들어 유행하기 시작한 '스몰 웨딩'에 간소함이 좀 더 추가되고 첨단 인터넷 영상 기술이 더해지면 그것이 바로 이 '랜선 결혼식'이기도 하다.

코로나19 팬데믹 상황은 공연 업계를 초토화시켰다. 현장에서 직접 스타를 보면서 온몸으로 즐기는 것이 공연 예술의 묘미인데 대면을 할 수 없으니 자연스레 공연 업계는 동면(冬眠) 아닌 동면에 들어갈 수밖에 없었다. 그러나 환경이 바뀌면 대책이 나오고 위기는 언제나 기회를 동반한다. 세계적인 K-pop 그룹 방탄소년단의 '방방콘 더 라이브' 공연과 가황 나훈아의 '2020 한가위 대기획 대한민국 어게인 나훈아' 공연이 바로 그 대책이고 기회였다. 방탄소년단의 소속사인 빅히트 엔터테인먼트는 '대면 불가능'이라는 위기 상황에서 그냥 손만 놓고 있지 않고, 오히려 '시공간의 제약이 완화된' 온라인 공연의 특성에 주목했다. 그리고 치밀한 기획과 함께 국내외 최첨단 방송 기술을 동원해 2020년 6월 14일 유튜브로 100분간의 환상적인 지구촌 퍼포먼스를 만들어냈다. 방탄소년단의 콘서트는 전 세계 K-pop 팬들을 열광시켰다. 그리고 지구촌에 '랜선 콘서트'라는 새로운 형식의 공연 모델을 제시했다.

방탄소년단의 '방방콘 더 라이브'가 '세계의 모든 K-pop 팬들을 아우르는' 랜선 콘서트였다면, KBS2를 통해 방송된 나훈아의 '2020 한가위 대기획 대한민국 어게인 나훈아'는 '대한민국의 모든 세대를 아우르는' 국민 위로 랜선 콘서트였다. 코로나19 장기화로 지친 국민을 위로하겠다는 의도로 노개런티로 출연한 나훈아의 랜선 콘서트는, 추첨으로 미리 선정된 온라인 관객 1,000명과 쌍방향으로 소통하면서 진행된 콘서트를 사전 촬영 후 방송으로 내보내는 방식이었다. 실황으로 진행된 방식이 아니긴 했지만 온라인상의 관객과 실시간 소통하면서 촬영한 일종의 '랜선 콘서트'였다. '2020 한가위 대기획 대한민국 어게인 나훈아'는 최고 시청률 29퍼센트(닐슨코리아 전국 기준)를 기록했다. 이렇게 높은 시청률이 나온 배경에는 나훈아라는 가수의 개인적 역량도 역량이지만 연출과 무대장치 등 '현장 공연 분위기'를 실감 나게 살린 주최측의 기술적인 부분도 크게 한몫했다고 볼 수 있다. 가황 나훈아는 시공간 제약이 완화된 '랜선 콘서트'의 새로운 공연 형식으로 기성세대 위주였던 기존 자신의 팬덤을 젊은 세대까지 아우르는 전(全) 세대 팬덤으로 크게 확장시켰다. 결과적으로 랜선 공연을 통해 진정한 의미의 국민 가수로의 등극과 함께 TV형 랜선 콘서트의 전형을 정립했다.

'랜선 여행'이 유행이다. 랜선 여행은 여행 유튜버가 해외 유명 여행지 현지에서 실황으로 해설하는 내용을 랜선 여행자들이 유튜브를 통해 쌍방향 소통 방식으로 참가하는 여행 형태다. 몸만 서로 떨어져 있을 뿐 여행 가이더를 따라다니며 여행 해설을 듣는 단체 투어 형식과 같다. 랜선 여행자는 실황 동영상을 보면서 실시간으로 채팅 창을 통해 여행 가이더 유튜버와 대화를 하고 궁금한 것도 묻는다. 다른 랜선 활동과 마찬가지로 랜선 여행 역시 시공간의 한계가 상당히 완화된다. 여행 참가자의 숫자 제한이나 지역 제한이 없고, 또 로마, 파리, 스페인 등 실시간 콘텐츠를 제공하는 현지 여행 유튜버만 있다면 세계 어느 곳도 제약 없이 여행할 수 있다.

사람들이 랜선 여행에 관심을 갖는 이유는 분명하다. 비용이 들지 않고, 코로나19 팬데믹으로 실제 여행이 불가능한 상황에서 훌륭한 대안 여행이 되기 때문이다. 특히 랜선 여행에서는 실제 단체 투어 때보다 차분하게 진행되어 설명을 더 집중해 들을 수 있고 실시간 방송이 끝난 다음에도 유튜브를 통해 반복해 볼 수 있는 장점이 있다. 랜선 여행이 최근 폭발적으로 증가하는 이유는 당연히 코로나19 팬데믹 상황 때문이다. 랜선 여행 유튜버들 중 현지 여행 가이더가 많은 것에서도 알 수 있는 것처럼, 코로나19로 관광객이 급감하자 수입이 준 현지 여행 가이더들이 유튜브 시장으로 시선을 돌리기 시작했고, 일반인들도 마찬가지로 코로나19로 해외여행을 할 수 없게 되자 실제 여행 대신 랜선 여행을 찾고 있는 중이다. 여행 서비스 공급자와 이용자 간에 서로 니즈(needs)가 맞아떨어진 셈이다.

물론 지금의 랜선 여행이 있기 오래전부터 랜선 여행 비슷한 것이 있었다. 바로 〈세계테마기행〉과 같은 여행 방송 프로그램이다. 여행 방송 프로그램의 특징은 포인트 정리와 드론을 이용한 공중 촬영이라 할 수 있다. 포인트 정리는 여행지 모습을 대체적으로 보여주면서 몇 가지 핵심 주제 위주로 설명을 하는 것이고, 공중 촬영은 방송국 콘텐츠인 만큼 돈을 들여 드론으로 공중 촬영을 하는 제작 방식이다. 여행 방송 프로그램은 해당 지역에 대한 대체적인 여행지식을 쌓고 공중 촬영 풍경을 감상하기에 좋다.

그러나 해당 지역을 실제 여행하는 듯한 맛을 느끼기에는 10퍼센트 부족하다. 그리고 일방통행 형식인 방송인 만큼 궁금한 것이 있어도 물어볼 방법이 없다. 이에 반해 랜선 여행은 몸은 여행지 그리고 여행을 안내하는 유튜버와 멀리 떨어져 있어도 마음은 함께하는 느낌을 주고, 느낌에서 그치는 것이 아니라 실제 그런 효과가 실재하기도 한다. 유튜버가 여행지를 실시간으로 이동하면서 셀카봉에 고정된 스마트폰으로 주변을 계속해서 비춰줄 때 랜선 여행자는 자신이 마치 여행지 현지를 걷고 있는 듯한 느낌을 갖는다. 그리고 채팅 창을 이용해 실시간 대화를 나누면서 유튜버 가이더와 함께한다.

랜선 여행은 분명 새로운 '대안 여행' 방식이다. 실제 여행은 아니지만 실제 여행과 비슷한 느낌을 갖게 하고, 기존 TV의 여행 프로그램이 제공하지 못한 특별한 느낌과 기능을 추가로 제공한다. 여행을 가기 위해서는 돈, 시간 그리고 건강이 필요하다. 셋 중 어느 한 가지라도 부족하면 여행을 갈 수 없다. 그런데 여행은 사람들의 생활수준이 향상되면서 언제부터인가 의·식·주 다음의 생필(生必) 서비스로 자리 잡아가고 있다. 기본적인 생활 욕구가 충족되면 사람들은 다음으로 여행을 욕망한다. 랜선 여행에 대한 높은 관심은 코로나19 팬데믹 상황이 끝나더라도 지속될 가능성이 높다. 합리적인 사람이라면 누구나 여행이 주는 '만족'과 함께 그 여행에 소요되는 '비용'을 따지기 마련인데, 랜선 여행은 '만족' 대비 '비용' 측면에서 꽤 괜찮은 대안이기 때문이다. 따라서 돈, 시간, 건강 셋 중 어느 하나라도 충분치 않은 이들은 당연히 랜선 여행을 즐길 것이고, 세 요소가 충족되더라도 '만족/비용' 계산에서 랜선 여행 쪽 비율이 더 높게 나온 이들은 실제 여행보다 랜선 여행을 즐길 것이다.

'랜선'은 새로운 경험 영역을 의미하기도 하지만 기존 영역에 대한 새로운 규정 형식의 의미도 갖는다. '랜선 집사'나 '랜선 이모', '랜선 삼촌'과 같은 신조어가 바로 그런 경우다. 개나 고양이 등 동물이 TV 방송 프로그램의 주요 소재가 된 지는 꽤 오래되었다. 그런데 최근에는 단순히 TV의 동물 소재 방송 프로그램을 즐겨 시청하는 정도에 그치지 않고 유튜브 등에서 동물 영상을 적극적으로 찾아 오랜 시간 열성적으로 동물 영상 시청을 즐기는 인구가 늘고 있다. 바로 '랜선 집사'들이다. '집사'의 사전적 의미는 '주인 가까이 있으면서 그 집 일을 맡아 보는 사람'이다. 따라서 유행어 '랜선 집사'는 '가상공간에서 다른 사람의 개나 고양이를 자신의 것처럼 열성적으로 챙기는 사람' 정도로 이해할 수 있다. 영상 속 다른 사람들의 개나 고양이에 대해 실제로 자신이 직접 반려동물을 키우는 것 이상으로 관심과 애정을 가지고 바라보면서 행복해하는 경우다.

'랜선 집사'의 대상이 개나 고양이와 같은 동물이라면, '랜선 이모', '랜선 삼촌'은 개나 고양이 대신 어린아이들을 대상으로 한다. 유명인의 어린 자녀들을 대상으로 아이들의 순수하거나 엉뚱한 행동 또는 귀여운 모습을 관찰하는 TV 프로그램 역시 유행한 지가 꽤 되었다. '랜선 이모', '랜선 삼촌'은 앞의 '랜선 집사'와 마찬가지로 유튜브 영상까지 적극적으로 찾아다니면서 어린아이들의 관찰 영상을 즐긴다. 영상 속 유명인들의 어린 자녀를 보면서 실제 자신의 아이들을 키우는 것 이상으로 관심과 애정을 쏟고 행복해한다. '랜선 이모', '랜선 삼촌'은 관심에서 그치지 않는다. 영상 속 어린아이들에게 선물을 보내기도 하고 어린아이들 관련 굿즈(goods)를 구매하기도 하는 등 적극적인 팬심을 드러내기도 한다.

* * *

랜선 라이프는 사실 대세다. 문화 영역에서뿐만 아니라 경제, 정치 영역도 빠른 속도로 랜선화(化)되어가고 있다. 주식투자, 돈 송금 및 결제, 상품 구매 등 경제 영역의 주요 활동 중 상당 부분이 현실공간이 아닌 온라인상의 '가상공간'에서 이루어지고 있고, 정치인들의 대중에 대한 호소, 정책에 대한 시민들의 선호 및 지지 표시 등 핵심 정치활동들이 SNS상의 '가상공간'에서 이루어지고 있다. 사회 거의 전 영역이 빠른 속도로 랜선화되어가는 이유는 간단하다. 현실공간보다 가상공간이 더 높은 효율성, 효과성과 편리성을 제공하기 때문이다.

그러나 랜선 라이프에는 분명 한계가 있다. '가상'이 결코 '실제' 그 자체가 될 수는 없다는 한계다. 가상현실 속의 아내가, 눈빛 하나로도 우주로도 다 담을 수 없는 그 큰 그리움을 전하고, 미세한 가슴 떨림 하나로도 만 가지 교차하는 마음속 안타까움을 빠트림 없이 전할 수 있는 그런 살아있는 실제 아내가 될 수는 없다.

졸업식, 입학식 그리고 결혼식과 같은 예식도 마찬가지다. 예식은 단순한 행사가 아닌 삶의 마디로, 이 마디들이 이어져 삶 전체가 정리되고 지탱되고 기억되고 의미를 지닌다. 그래서 사람들은 예식 때가 되면 자신의 삶에 가장 소중한 이들과 굳이 함께하려 한다. 삶은 결국 시간 흐름과 소중한 사람들과의 관계가 종으로 횡으로 촘촘히 엮이는 것 그 이상 이하도 아니다. 가상공간은 소중한 사람들과의 관계를 자칫 소홀히 하게 하고 망각하게 할 수 있다.

공연이나 여행 경험에서 사람들의 주요 관심과 느낌은 모두 제각각이다. 어떤 이는 공연에서 가수의 얼굴을 직접 보는 데서 즐거움을 느끼고, 여행지의 유명 레스토랑을 찾아 음식을 먹을 때 행복을 느낀다. 또 어떤 이는 공연장을 찾은 관객들이 분출하는 열기 속에서 해방감을 만끽하고, 낯선 여행지에서 한가롭게 내리쬐는 따사로운 햇살과 부드러운 바람을 마주할 때 끝없는 자유를 맛본다. 랜선 공연, 랜선 여행은 분명 가심비(價心比)가 높다. 그러나 결과적으로 개인의 감성이 제약되기 쉽다. 채팅을 통해 실시간 쌍방향 소통을 한다 할지라도 개인의 선택은 결국 매우 제한적일 것이기 때문이다. 관람객들의 뜨거운 열기를 느끼거나 낯선 곳에서 한가로이 햇살과 바람을 맞는 선택지는 가질 수가 없다.

랜선 집사, 랜선 이모·삼촌이 되는 것은 한편으로는 행복 추구지만 다른 한편으로는 결핍의 고착화 과정이기도 하다. 가상 공간 속 동물이나 어린아이들을 보면서 느끼는 만족감은 분명 행복이다. 그러나 가상공간 속 동물과 사람들과의 관계 형성에 지나치게 빠져드는 것은 현실에서의 관계 형성을 낯설게 한다. 인간은 사회적 동물로 본능적으로 관계 형성을 추구한다. 그런데 그 관계 형성은 어디까지나 현실에서의 관계 형성이고, 그 대상 역시 기본적으로 상호 의지 작용이 가능한 같은 인간이지 다른 생명 존재나 무생물이 아니다. 혹시라도 현실에서의 관계 형성을 피해 습관적으로 가상공간을 찾고, 또 사람과의 관계 형성을 피해 동물과의 관계 형성에 집착한다면 그것은 자신을 매우 제한된 행복에 머무르게 한다. 아울러 자신도 모르는 사이에 현실에서의 관계 결핍 고착화를 불러온다. 고착화된 관계 결핍은 외로움, 우울, 절망, 사회 부적응과 가까운 친구다.

'현실공간'에 있어서의 '가상공간화' 대상은 인간의 오감(五感)이다. 시각(視覺), 청각(聽覺), 취각(臭覺), 미각(味覺), 촉각(觸覺) 5가지 인간의 감각 중 현재 기술적으로 저장, 전송 가능한 것은 시각, 즉 '모습·풍경'과 청각, 즉 '소리'뿐이다. 바로 사진·녹화 기술과 녹음 기술을 통해서다. 냄새(취각), 맛(미각) 그리고 접촉 느낌(촉각)을 저장·전송할 수 있는 녹취(錄臭), 녹미(錄味), 녹촉(錄觸) 기술은 아직 개발되지 않았다. 기술발전은 언제나 일반 사람들의 상상을 넘어섰다. 취각, 미각, 촉각 세 가지 인간의 감각도 언젠가는 기술적으로 저장·전송할 날이 올 것이다. 그렇게 되면 랜선의 영역은 지금보다 훨씬 더 크게 확장될 것이다. 아니 확장 정도가 아니라 랜선활동이 보편적이고 현실공간 활동이 예외적인 것이 될 수도 있다.

그때가 되면 인간의 편리함은 지금보다 훨씬 더 증가할 것이다. 그리고 거기에 따른 관계의 결핍도 훨씬 더 커질 것이다. 혹시라도 그 사이 인간의 사회적 동물로서의 본능이 바뀐다면 모르겠지만, 그렇지 않다면 인간은 육체적 편안함 속에서 정신적으로는 몸서리칠 정도의 외로움을 느끼게 될 것이다. 아니 어쩌면 외로움 자체를 망각한 '랜선형' 신(新)인류가 되어 있을지도 모르겠다.

10

기울어진 운동장

공정이란 무엇인가?

보통 사람들한테 가장 피부에 와 닿는 '기울어진 운동장'은 대학 입시와 관련된 불공정이다
자본주의 사회에서 계층 상향 이동을 할 수 있는 주요 사다리 중 하나가
좋은 대학에 들어가는 것이다. 그런데 그 '경쟁의 조건'이 부유층에
절대적으로 유리하게 되어 있다면 그것은 보통 사람들에게 그야말로 절망이고 분노다.

교육부가 '대입제도 공정성 방안'으로
2023년까지 서울 소재 16개 대학의 정시모집 비중을 40퍼센트
이상으로 확대하도록 하겠다고 발표했다. 학종(학생부종합전형)에
의한 대학 수시입학이 부유층들의 위법 내지는 비도덕적 '자녀
스펙 챙겨주기'로 '기울어진 운동장'이 되고 있다는 여론의 질타
에 대한 답변이었다.

교육 전문가들은 찬성과 반대로 의견이 갈렸다. 대체로 외
부 전문가들은 공정성 확보를 위해 수능 정시 비율을 더 높여

야 한다는 입장이고, 현장 전문가인 일선 교사들은 시대에 맞는 교육 등을 위해 기존 상황을 유지해야 한다는 입장이다. 공정성 인식에 대한 시각도 갈렸다. 정시가 확대되면 공정성이 더 강화된다는 입장과, 정시가 확대되면 오히려 지금보다 부유층 자녀가 소위 일류대학에 더 많이 들어가게 되어 결과적으로 공정성이 더 약화된다는 입장이다.

후자의 입장은 제도가 바뀌면 바뀐 대로 이른바 '대치동' 사교육은 변화된 입시제도에 맞춰 또 최적화된 맞춤 학습에 나설 것이고, 사회적 소외계층 등에 적용되는 사회적 배려 특별전형이나 농어촌 특별전형과 같은 제도만 사라지게 되어 결과적으로 계층 간 간극은 더 벌어질 것이라는 이야기다. 일반 사람들의 반응은 대체로 한 방향으로 모아진다. 정시 비율을 지금보다 훨씬 더 높여야 한다는 것이다. 설사 정시가 수시보다 부유층에 더 유리하게 되더라도 부모의 사회적 지위나 능력이 자녀의 입시 경쟁에 영향력을 미쳐서는 안 된다는 이야기다.

총선을 앞두고 비현역 국회의원 예비후보들의 불만이 크다. 현역 의원과 비현역 후보 간의 경쟁이 '기울어진 운동장'이라는 것이다. 지역 유권자에게 문자메시지를 보내는 데 있어 현역의원은 '의정 보고'라는 형식으로 선거일 당일까지 무제한으로 발송할 수 있는 데(공직선거법 제111조) 반해, 비현역 후보는 총 8회를 초과할 수 없다(공직선거법 제59조). 그외에도 실질적인 선거운동 기간 및 활동, 사무실 마련, 유급 인력 채용, 선거자금 마련 등에서 비현역 후보는 현역 의원에 비해 절대적으로 불리하다.

은행으로부터 '해외금리연계 파생결합상품(DLF)'이라는 금융 상품을 구입한 고객들이 손실을 입었다. 이름도 매우 낯선 고위험의 이 금융 파생상품을 구매한 고객 중에는 치매와 난청을 앓고 있는 고령의 환자도 있다고 한다. 책임 당국인 금융감독원의 부원장은 '기울어진 운동장'이라는 표현을 들면서 금융기관의 투자자 보호 의무 소홀을 지적했다.

검사 및 판사들의 범죄와 관련되어 신고, 접수된 사건에 대한 기소율과 일반인의 범죄에 대한 기소율의 차이가 매우 크다. 2019년 10월 기준 최근 5년간 검사 관련 1만 1,000여 사건 중 검찰이 재판에 넘긴 건은 불과 14건으로 기소율이 0.13퍼센트다. 판사 관련 사건에 대한 기소율은 0.40퍼센트다. 그리고 일반인에 대한 기소율은 40퍼센트다.[1] 검사들의 범죄에 대한 기소율은 일반인에 비해 308분의 1이고, 판사들의 범죄에 대한 기소율은 일반인에 비해 100분의 1이다. 그 무엇으로도 설명하기힘든 큰 차이다. 이 정도면 '기울어진 운동장' 정도가 아니라 아예 '수직으로 선 운동장'이다.

'기울어진 운동장'은 '처음부터 공정한 경쟁을 할 수 없는 상황을 비유적으로 이르는 말'이라는 사전적 의미처럼 '경쟁' 상황에서 쓰인다. '경쟁'에 참여하는 이들에게 '동일한 룰'이 적용되어야 하는데 그렇지 못하다는 것이다. 앞의 국회의원 선거에서의 후보들 간 '경쟁'과 좋은 대학에 가기 위한 고등학생들 간의 '경쟁'과 같은 경우에서다. 국회의원이 되기 위한 경선은 공정하지 않다. 현역 의원 후보와 비현역 의원 후보에게 적용되는 '경쟁의 조건'이 동일하지 않기 때문이다. 물론 그 '경쟁의 조건'이 동일하지 않은 배경에는 나름의 이유가 있다. 현역 의원은 차기 의원 경선 후보이면서 동시에 현역 의원으로서 임기 종료 시까지 국민의 대표인 국회의원으로서 활동을 지속해야 한다는 입장이 있다.

그러나 국민들이 생각하는 진짜 이유는 다르다. 국회의원은 법을 만든다. 공직선거법이라는 '경쟁의 조건' 역시 당연히 국회의원이 만든다. 자신이 선수로 참가하면서 그 게임의 룰도 자신이 만들고 있다. 국회의원들이 현재의 공직선거법이 새로운 진입자에게 매우 불리하다는 것을 잘 알면서도 기득권을 잃지 않기 위해 '기울어진 운동장'을 그대로 방치하고 있다는 것이 국민들의 생각이다. 유독 정치 분야가 발전은커녕 오히려 퇴보하고 있는 주요 배경 중 하나가 이것이다. 발전은 개혁을 통해 이루어지고, 그 개혁의 핵심은 빠르게 바뀌는 주변 상황에 맞춰 적절하게 법을 바꾸어가는 것이다. 그리고 법 개정은 국회의원 한 명 한 명 의지의 집합이다. 그 한 명 한 명이 바뀌지를 않으니, 아니 바뀌기가 매우 힘들게 해놓고 있으니 정치가 사회 발전을 촉진하기는커녕 제약(bottle neck)으로 작용할 수밖에 없다. '불공정하게 잘못 만들어진 법'이 '기울어진 운동장'이다.

보통 사람들한테 가장 피부에 와 닿는 '기울어진 운동장'은 대학 입시와 관련된 불공정이다. 자본주의 사회에서 계층 상향 이동을 할 수 있는 주요 사다리 중 하나가 좋은 대학에 들어가는 것이다. 그런데 그 '경쟁의 조건'이 부유층에 절대적으로 유리하게 되어 있다면 그것은 보통 사람들에게 그야말로 절망이고 분노다. 대입에서의 '기울어진 운동장'은 법과 도덕의 영역 둘로 나뉜다. 법을 위반하면서 자녀 스펙 챙기기에 나선 경우와 법 위반까지는 아니지만 도덕적으로 문제가 있는 경우 둘이다.

먼저, 법을 위반하면서 자녀 스펙 챙기기를 하는 경우, 사실 '기울어진 운동장'은 하나가 아닌 둘이 된다. 하나는 본래의 대학 '입시 경쟁'에 있어서 불법행위라는 '기울어진 운동장'이다. 그리고 다른 하나는 같은 불법을 저지르더라도 누구는 처벌받고 누구는 처벌받지 않는, '법 적용'의 불공정이라는 또 하나의 매우 심각한 '기울어진 운동장'이다.

이 두 가지 중 핵심 고리는 '법 적용'의 불공정이다. 왜냐하면

'법 적용'의 공정성만 제대로 준수된다면 앞의 불법에 의한 '입시 경쟁'의 불공정은 애초부터 일어나기 힘들 것이기 때문이다. 현실에서 법을 어겨가면서까지 과감하게 자녀 스펙 챙기기에 나선다면, 그것은 그들이 법의 처벌을 빠져나갈 수 있다는 확신을 가지고 있기 때문이라 보는 것이 맞다. 처벌이 충분히 예상되는데도 범법행위를 한다면 그것은 이성을 상실한 사람에게서나 가능한 일이기 때문이다. 주로 부유층이나 권력층에서 불법적 자녀 스펙 챙기기가 이뤄지고 있다면 이는 우리 사회의 법이 그들에게만 특별하게 적용되고 있다는 것을 반증한다. 부유층과 권력층만 따로 이성이 상실될 이유가 없고, 필경 법을 위반해도 부유층이나 권력층 자신들은 얼마든지 법적 처벌을 빠져나갈 수 있다는 경험적 확신이 있기 때문이다. 법 위반에 해당하는 자녀 스펙 챙기기의 핵심은 그냥 '기울어진 운동장'이 아닌, 바로 '법 운용'에 있어서의 '기울어진 운동장'이다. 법이 고무줄이어서 법 고유의 기능인 사회적 잣대로서의 역할을 상실한 경우다. 법 무용론, 나아가 국가 무용론으로도 이어질 수 있는 매우 위험한 반국가적 '기울어진 운동장'이다.

법을 위반한 것은 아니지만 도덕적으로 문제가 있는 경우는 타인이나 사회의 간섭과 비난이 아닌 그 본인의 문제로 한정된다. 즉 본인이 알아서 판단할 문제이지 사회나 타인이 나서서 그에게 도덕적이기를 강요할 수는 없다. 법을 준수하는 한, 민주주의 사회에서 사람들은 누구나 도덕적 선택에서 외부로부터 간섭을 받지 않을 권리를 가지고 있기 때문이다. 물론 외부에 대한 의식, 외부로부터의 간섭이나 압력 때문에 하는 비자발적 행위는 이미 도덕의 전제를 상실한 것이기도 하다.

은행의 '해외금리연계 파생결합상품(DLF)' 관련 고객 손실 상황은 엄밀한 의미에서 '기울어진 운동장'에 해당하지 않는다. '처음부터 공정한 경쟁을 할 수 없는 상황을 비유적으로 이르는 말'이라는 사전적 의미 그대로, '기울어진 운동장'은 '경쟁'에서의 불공정을 의미하는 것이지 이 사건과 같은 '거래' 관계에는 해당하지 않기 때문이다. '거래'는 거래 당사자 모두에게 이익이 있을 때 일어나는 것이고, 거래를 할 것인가 말 것인가에 대한 선택권은 각자 본인이 가지고 있다. 설사 파는 측이나 사는 측 어느 한쪽이 절대적으로 유리한 입장이라 할지라도 '기울어진 운동장'은 형성되지 않는다. 불리한 쪽이 '거래'에 참여하지 않을 것을 선택하면 아예 운동장 자체가 존재하지 않게 되기 때문이다. 따라서 DLF 관련 사건은 은행의 상품설명 등의 법적 의무 준수 여부, 상품 구매자의 법적 권리·의무 행사 능력 여부, 나아가 감독기관의 금융기관 파생상품 운용에 대한 규제 적절성 여부 등을 따져야지, '기울어진 운동장'이라는 규정적 프레임으로 뭉뚱그려 어느 한쪽으로 책임을 몰고 갈 일이 아니다. '선택권'이 주어지면 '거래'에서는 기본적으로 그리고 논리적으로 '기울어진 운동장'이 존재할 수 없다.

검사나 판사 관련 사건에 대한 검찰의 기소율과 일반인 관련 사건에 대한 기소율의 차이는 '기울어진 운동장' 중에서도 '매우 가파르게 기울어진 운동장'에 해당한다. 어떤 이유로도 설명 불가할 정도의 큰 차이다. 어떤 일을 저질러도 검사와 판사는 현실적으로 처벌받을 가능성이 거의 없겠구나 하는 생각이 들 수밖에 없다. 그런데 검찰의 기소 결정권은 '경쟁'에도 해당하지 않고 '거래'에도 해당하지 않는다. 그렇다면 무엇으로 설명할 수 있을까? '재량권'이다.

조직 내 모든 지위에는 '재량권'이 주어진다. 공무원에게는 각 지위에 따라 국가 운영에 대한 재량권이 주어진다. '재량권'의 사전적 의미는 '자유재량으로 처분할 수 있는 권한'이다. 현실적으로 법률이 국가 운영 모든 분야와 단계에 걸쳐 구체적인 경우 전부를 규정할 수는 없다. 공무원은 그 규정의 한계에서 '재량권'을 갖는다. 검사는 범죄에 대해 법원에 재판을 청구할 것인가 말 것인가를 결정하는 재량권인 기소권을 독점적으로 가진다. 수사 결과 범죄의 객관적 혐의가 충분하다고 하더라도 반드시 기소하는 것은 아니며 범행의 동기, 범행 후의 정황 등 다양한 사항을 참작하여 검사는 기소를 결정(형법51조 참조)한다. 기소편의주의라는 매우 큰 재량권이다. 기소권이라는 재량권이 어떻게 행사되느냐에 따라 법은 '평평한 운동장'이 될 수도 있고, '매우 가파르게 기울어진 운동장'이 될 수도 있다. 현재는 후자다.

그런데 기소권보다 더 큰 재량권이 있다. 바로 사법부의 재판권이다. 헌법 제103조는 '법관은 헌법과 법률에 의하여 그 양심에 따라 독립하여 심판한다'라고 정하고 있다. '양심에 따라'이다. 양심에 따르지 않을 경우 또는 판단 착오 등을 대비해 사법부는 삼심제를 두고 있다. 그런데 법관들이 사법부 조직의 영향을 받아 독립성을 상실하거나, 판사 등 같은 사법부 식구들과 관련된 사건의 재판을 하거나, 퇴임 이후를 대비해 판결로 거래를 하거나, 판사 자신들이 속한 사회적 지위에서 다른 사회계층에 대한 강한 편견을 갖거나 하는 경우는 삼심제도 무용할 수 있다. 판결이 '기울어진 운동장'이 될 수 있다.

사법부는 현실에서 정의와 양심의 최후 보루이자 사실상 지상 '최후의 심판'이다. 사법부가 정의와 양심을 저버린다면 사법부의 타락에서 끝나지 않는다. 국가 해체의 위기를 부를 수 있다. 사회계약 이전의 원시 자연상태로의 복귀다. 국가와 사회 구성원이 '공정한 보호'와 '준법·납세'를 서로 주고받기로 약속한 것이 사회계약인데, '공정한 보호'가 주어지지 않는다면 사람들은 법을 지키고 군대에 가고 세금을 납부해야 할 이유를 더 이상 찾지 못한다. '유전무죄(有錢無罪) 무전유죄(無錢有罪)' 또는 '유권무죄(有權無罪) 무권유죄(無權有罪)'라는 말이 냉소적 표현에 그치는 것이 아니고 진짜 심각하게 상식으로 받아들여지는 사회라면 그 사회는 이미 국가 해체가 상당히 진행된 상태다. 운동장 높은 곳에 있는 이들의 국가와 운동장 낮은 곳에 있는 이들의 국가 둘로 날카롭게 나뉜 상태. '재량권'은 속성상 '기울어진 운동장'을 조성할 가능성이 가장 높은 영역이다. 그중에서도 검사의 기소권과 판사의 재판권은 더욱 그렇다.

* * *

그렇다면 '기울어진 운동장'을 '평평한 운동장'으로 만들기 위한 해결책은 무엇일까? 먼저, '기울어진 운동장'의 의미는 명료하다. 1초의 망설임도 없이 누구나 그 의미를 말할 수 있다. '공정을 잃은 경쟁 조건' 또는 '공정을 잃은 재량권'이라고. 그러나 그렇다면 그 반대의 '기울어지지 않은 운동장', 즉 '공정이란 무엇인가?'라는 질문에 대해서는 사람들은 일순 멈칫한다. 그리고는 흔히 동어반복을 한다. '공정은 공정'이라고.

대학 입시를 100퍼센트 정시로 바꾸면 공정할까? 공정하기도 하고 그렇지 않기도 하다. 지금의 농구 시합은 키가 큰 선수나 작은 선수나 무차별로 참가한다. 무차별이라는 측면에서는 공정하다. 그러나 전체적으로는 공정하지 않다. 170센티미터 키의 선수가 2미터 이상의 장신 선수와 맞붙는 것은 공정하지 않다. 유도나 역도는 체급경기다. 그러나 처음부터 체급경기는 아니었을 것이다. 기술이 아닌 체중이 승패를 좌우해 사람들이 흥미를 잃고, 불공정을 느낀 저체중의 선수들은 운동을 떠났을 것이다. 그런 과정을 겪고 난 뒤 유도나 역도는 체급경기로 바뀌었을 것이다.

농구도 마찬가지일 수 있다. 기술이 아닌 키가 절대적으로 승패를 좌우하게 되면 그런 경기는 시간이 지나면서 사람들로부터 외면받게 된다. 그리고 키 작은 선수들은 당연히 농구장을 떠날 것이다. 그런 상황이 되면 농구도 키를 기준으로 한 체급경기로 바뀔 수 있다. 2미터 이상, 2미터~180센티미터, 180센티미터 미만과 같은 구분으로. 그렇게 되면 키가 작은 선수들은 경기 조건이 공정해졌다고 여길 것이다.

100퍼센트 정시로 대학에 가는 것은 지금의 농구 시합과 닮은 데가 있다. 대한민국의 고3이라면 모두 무차별로 수능시험을 보기 때문이다. 그런데 서울 강남의 고3과 몇 시간이나 배를 타고 들어가야 하는 섬의 고3의 공부 환경은 차이가 크다. 같은 노력을 하더라도 현실적으로 거의 극복할 수 없는 환경 차이가 있다. 교육부가 나서서 농어촌 특별전형과 같은 환경 차이 조정을 위한 보정 작업을 한다. 가정이지만 농구가 새로운 체급제도를 도입하는 것처럼. 이런 공정화 작업은 끝없이 이어질 수 있다. 도시와 농어촌 구분과 같은 일정 단위 차원에서 그리고 나중에는 개인 차원으로까지 공정을 위한 보정 작업이 계속 이어질 수 있다. 그리고 최종적으로는 '결과의 평등' 비슷한 '결과의 공정' 가까이까지 접근할 수 있다.

100퍼센트 정시는 '기회의 평등적 공정'이다. 그리고 개인 간 극히 작은 환경 차이까지 모두 고려한 배려 전형의 극단화는 결국 '결과의 평등적 공정'이다. '환경 차이'가 크게 나는 '기회의 평등적 공정'은 실질적으로는 공정이 아니다. '개인의 노력치'가 간과되기 십상인 '결과의 평등적 공정' 역시 공정일 수 없다. 일부 부유층 또는 권력층 부모의 불법적 또는 비도덕적 자녀 스펙 챙기기로 100퍼센트 정시가 공정하다는 여론이 비등하지만, 100퍼센트 정시로 가더라도 대학 입시의 공정성 논란이 끝나기가 힘든 이유다. 세부적으로 들어가면 '경쟁'에 있어서의 공정의 정의는 궁극적으로 사람들 수만큼 존재한다. 별도의 특별한 유일의 정답이 있지 않다. 혹시 있다면 그것은 다수결의 사회 여론을 따르는 것일 것이다.

'재량권'의 '기울어진 운동장'은 근본적으로 견제와 균형의 부재에서 발생한다. 견제와 균형은 재량권이 있는 곳이면 어디든 필수다. '자유재량으로 처분할 수 있는 권한'이라는 '재량권'의 속성상 그렇다. 먼저, '재판권'에 대한 '기울어진 운동장'의 주요 배경은 견제기능의 유명무실화다. 국가는 입법·사법·행정의 삼권분립으로 견제와 균형을 이룬다. 헌법은 '법관은 헌법과 법률에 의하여 그 양심에 따라 독립하여 심판한다'(헌법 제103조)라고 정해 법관의 독립성을 보장하면서, 직무집행에 있어 헌법이나 법률을 위반한 때에는 국회가 탄핵소추를 할 수 있게(헌법 제65조①항 참조) 정하고 있다. 마땅히 사법부에 대한 입법부의 견제기능이 법제화되어 있다.

그런데 놀라운 것이 1948년 이래 지금까지 단 한 차례도 법관에 대한 탄핵이 이루어진 적이 없다. 어떤 이유에서인지 사법부는 대한민국 역사 내내 그 어떤 견제도 받지 않는 신성불가침 영역이었다. 그 결과가 21세기 대한민국의 슬픈 자화상인 '유권무죄 무권유죄'의 사회다. 탄핵 요건이 지나치게 엄격한 것이 원인이었다면 그 요건을 낮춰야 할 것이고, 혹시라도 입법부와의 암묵적 야합이 그 배경이었다면 국민이 나서서 그 야합의 고리를 끊어야 할 것이다.

검사 범죄 관련 기소율에 있어서의 '기울어진 운동장'은 명백히 검사 재량권에 대한 견제의 부재에서 비롯된다. 지금까지 견제기능이 간과되어 온 이유는 두 가지로 생각해볼 수 있다.

첫째, 검사의 재량권이 형량을 직접 결정하는 것이 아닌 재판을 요청하는 역할에 한정될 뿐이라는 인식 때문이다. 재량권 크기를 단순 비교할 때, 재판을 요청하는 것은 직접 형량을 결정하는 것과 비교가 되지 않는다. 보조적이기까지 하다. 그러나 현실에서의 절차를 따져보면 오히려 그 반대일 수 있다. 범죄에 대해 검사가 재판 청구를 하지 않으면 아예 처벌 자체가 내려질 수 없기 때문이다. 결론적으로 검사는 처벌의 크기를 정하는 재량권은 없지만, 그 처벌을 내리는 기회 자체를 원천 봉쇄할 수는 있다. 바로 검사만이 재판을 청구할 수 있는 기소독점주의에 의해서다.

둘째, 검찰 기능의 실제와 형식의 불일치에 따른 검찰 위치의 모호성에 의해서다. 검찰은 행정부 소속이다. 그러나 실질적으로는 준(準)사법 기능을 맡고 있다. 따라서 검찰은 행정부 통제하에 있으면서도 동시에 행정부의 영향력으로부터 일정 거리를 둔다. 어느 정도의 거리를 두는가는 사실 검찰의 상위 조직인 법무부, 나아가 정권의 의지에 따라 달라져왔다. 독재·권위주의 정권은 '검·정(검찰·정권) 동일체'로 검찰을 정권에 예속시켜왔고, 민주주의 정권은 검찰의 준사법 기능을 존중해 검찰의 독립을 시도해왔다.

이에 따라 권위주의 시대 인권 탄압의 중심에는 늘 검찰이 있었다. 그리고 민주주의 시대 정권의 검찰 독립 시도는 검찰을 어떤 조직의 견제도 받지 않는 '특별청'이 되게 했다. 결과적으로 독재·권위주의 시대의 '검·정(검사·정권) 동일체'는 검찰을 국민의 공무원이 아닌 정권의 주구가 되게 했고, 민주주의 시대의 검찰 독립은 임명직에 불과한 검찰 공무원이 21세기 대한민국 사회의 리바이어던이 되게 했다.

2019년 12월 30일 국회는 고위공직자범죄수사처법(공수처법)을 통과시켰다. 그리고 1년여가 지난 2021년 1월 21일 드디어 고위공직자범죄수사처가 공식 출범했다. 70년 이상 유지되어온 검찰의 기소독점주의가 종말을 고하는 순간이었다. 지금까지 아무런 견제 없이 그야말로 마음껏 기소권을 행사하던 검찰조직이 처음으로 견제조직을 만나게 되었다. 검찰 자신들에 대한 기소율 0.13퍼센트로 증거되는 기소권에 있어서의 심각한 '기울어진 운동장'이 어느 정도는 균형을 찾아갈 것으로 보인다.

제어 없는 폭주는 필연적으로 자폭·자멸을 가져오고, '기울어진 운동장'은 결국 개혁으로 이어진다.

11

자유와 외로움 사이

> 1인 가구는 '자유'와 '외로움'을 함께 갖는다.
> '자유'의 이면이 '외로움'이고 '외로움'의 이면이 '자유'다.
> 사람에 따라 그 자유와 외로움의 비중은 당연히 다르다.

1990년대 중반 일본에 주재원으로 나가 생활할 때 낯선 것이 많았다. 우리나라에서 비행기로 한 시간밖에 걸리지 않는 거리이고 역사적·문화적으로도 교류가 많은 나라인데 낯선 모습이 많았다. 그중 하나가 마트에서 수박을 통이 아닌 여러 개로 조각내 파는 모습이었다. 우리나라에서 통으로만 수박을 사 먹던 사람 눈에는 비닐로 포장된 수박 조각이 한입거리도 안 돼 보였다. 이어령 교수가 말한, 무엇이든지 작게 축소시키려는 일본인 특유의 '축소 지향의 일본인' 현상인가도 생각했다.

지금은 더 일반화되었지만 당시에도 일본의 '라멘야'(라면 전문집)에 가면 벽을 보고 혼자 음식을 먹는 좌석이 있었다. 1인 전용 식사 공간이었다. 음식을 혼자 먹는 것만 해도 좀 그런데 벽을 보고 먹다니. 이렇게 먹어서 소화나 제대로 될까 하는 생각을 했다.

내가 살던 '만숀'('Mansion'의 일본식 발음으로 우리나라의 아파트에 해당)과 도로를 사이에 두고 좀 작은 평수의 만숀 한 동이 있었다. 그 만숀 거주자는 대부분 혼자 사는 직장 여성들이라 했다. 교통이 편하고 안전이 뛰어난 도쿄 23구 내 만숀이니 고소득의 미혼 여성들이 선호하기에 적당했다. 그런데 당시 의아하게 생각했던 것이 바로 나 홀로 사는 사람들의 규모였다. 길 건너편 만숀은 얼추 100가구 정도였는데 그 대부분이 일본말로 '히토리구라시(ひとりぐらし. 一人暮らし)', 즉 '나 홀로 가구'라는 것이었다. 혼자 사는 사람이 그렇게나 많다는 것이 선뜻 이해가 되지 않았다. 당시 '1인 가구'를 의미하는 '히토리구라시'는 일본에서 일상 용어였고 방송에서도 흔히 들을 수 있는 말이었다.

1990년대 중반 당시 우리나라에서는 주변에서 혼자 사는 사람을 찾아보기가 그리 쉽지 않았다. 드물게 있었다. 하다못해 지방에서 올라와 하숙하는 대학생들도 보통 2인 1실을 기준으로 생활했다. TV에서 시골 모습을 방송할 때 노부부 둘이 사는 것을 '쓸쓸하게' 노부부 '둘만' 살고 있다고 표현할 때였다. '1인 가구'는 고사하고 '2인 가구'가 쓸쓸하다고 표현될 정도인데, 만숀 한 채의 100가구 대부분이 '1인 가구'라니.

신조어 '1코노미'는 '1'과 '경제'를 의미하는 'economy'가 더해진 말로, '1인 가구'를 가리키는 유행어다. '혼코노미'(혼자+economy), '미코노미'(Me+economy) 모두 같은 의미로 사용되는 신조어다. 20여 년 전부터 일본에서 보통명사화된 '히토리구라시'의 한국판이라 할 수 있다. '1코노미' 또는 '혼코노미'는 재치도 있고 실상도 잘 반영된 조어(造語)다. 'economy'의 어원이 그리스어 'oikos'로 '가계(家計)'를 뜻하는데, 그 가계가 '1인' 또는 '혼자'로 되어 있다는 것이니 실제 상황을 정확하게 반영하면서도 '혼자'에 대한 강세까지 맛깔나게 살리고 있다.

* * *

현재 대한민국은 1코노미 시대다. 2019년 기준 우리나라의 1인 가구 비율은 통계청 발표자료 기준 30.2퍼센트(=6,147,516가구÷20,343,188가구)다. 세 가구 중 한 가구꼴로 1인 가구, 즉 1코노미다. 1인 가구가 2000년 기준 15.5퍼센트(=2,224,438가구÷14,311,807가구)에서 19년 만에 거의 배로 증가했다. 짧은 시간에 이렇게 빠른 속도로 1코노미가 증가한 원인은 몇 가지로 추정해볼 수 있다.

첫 번째는 '개인주의의 심화'다. 민주주의·자본주의 교육은 개인주의를 심화시키는 방향으로 나갈 수밖에 없다. 민주주의는 정치에 있어 '독립된 개인'을 기본 단위로 하고, 자본주의는 경제에 있어 마찬가지로 '독립된 개인'을 기본 단위로 하기 때문이다. 민주주의, 자본주의는 자유와 창의에 입각한 개인의 의사와 프라이버시를 존중한다. 그리고 그 개인의 의사와 프라이버시는 다름 아닌 자기 독립으로부터 출발하고, 독립의 구체적인 형태는 성인이 되면 경제적으로 부모로부터 독립하는 것이다. '1인 가구', 즉 '1코노미'가 되는 것이다. 따라서 고등교육의 보편화와 사회의 민주화는 결과적으로 1코노미의 증가를 초래한다. 학교 교육을 통한 시민정신 함양과 사회적 민주주의의 진전은 제도로서의 민주주의 강화에 그치지 않고 일상 속 사람들의 의식과 태도에까지 민주주의를 침윤시킨다. 개인 독립의 결과, 20·30대 1인 가구는 2000년 98만 가구에서 2019년 기준 221만 가구로 19년 사이에 126퍼센트나 증가했다.[1]

사회 일각에서는 '가족 가치의 약화'를 1코노미 증가의 주요 원인으로 꼽기도 한다. '가족 가치의 약화'는 사실 '개인주의 심화' 현상의 한 단면으로 이해하는 것이 더 적절하다. 우리나라의 가족 구성 형태는 '대가족'에서 '핵가족'으로, 그리고 '핵가족'에서 다시 '1인 가족'의 비중 증가로 진행되어왔다. 대가족에서 핵가족으로의 변화는 산업구조의 변화와 환경의 도시화에 크게 기인한다. 협동·부조(扶助)가 요구되는 재래식 농업 위주 경제에서는 대가족 형태가 효과적이었지만, 분업·협업이 요구되는 제조업·서비스업 경제에서는 핵가족 형태가 더 효과적이다. 그리고 공동사회(게마인샤프트: Gemeinschaft)인 농촌에서는 대가족이 적절하지만 이익사회(게젤샤프트: Gesellschaft)인 도시환경에서는 핵가족이 더 적절하다.

대가족에서 핵가족으로의 변화가 산업구조 변화와 환경의 도시화에 주로 기인한다면, 핵가족에서 1인 가구 비중 증가로의 변화는 서구화, 즉 앞에서 살펴본 대로 개인주의의 심화에 주로 기인한다. 그리고 개인주의는 전통적 가족 구성원의 연대적 동일 가치 추구와 배치되는 입장이므로 현실에서 곧 '가족 가치의 약화'로 드러나기도 한다. 개념으로서의 개인주의가 현상으로 그 모습을 드러낸 것 중 하나가 곧 '가족 가치의 약화'라 할 수 있다.

두 번째는 비혼주의자의 증가와 결혼의 만혼화(晩婚化)다. 결혼 자체를 하지 않겠다는 사람들이 늘고 있고, 결혼을 하더라도 그 연령대가 높아지고 있다. 2020년 12월 잡코리아와 알바

몬이 공동으로 20·30대 미혼 남녀를 대상으로 '비혼에 대한 인식'을 설문조사한 결과에 의하면 응답자의 24.8퍼센트가 '결혼하지 않을 것'이라고 대답했다. 4명 중 1명이 비혼주의자다. 비혼을 생각하는 이유로 남자는 주로 경제적 요인, 개인의 행복 우선을 들었고, 여자는 가부장적 결혼제도에 대한 회의 등을 들었다. 결혼 아닌 상태로 동거와 같은 형태가 새로운 대안으로 등장할 수도 있겠지만 비혼은 일단 1코노미의 증가로 연결될 수밖에 없다. 2000년 기준 초혼 평균 연령은 남자가 29.28세, 여자가 26.49세였다. 그리고 2019년 기준 초혼 평균 연령은 남자가 33.37세, 여자가 30.59세다.[2] 20년 사이에 초혼 평균 연령이 남자는 4.09세, 여자는 4.10세 높아졌다. 남녀 양쪽 다 4년 이상 결혼이 늦어졌다. 비혼주의자의 증가와 함께 결혼의 만혼화(晩婚化) 역시 1코노미 가구 수를 증가시킨다.

세 번째는 여성의 경제 능력 향상이다. 우리나라 가임여성 생애 평균 출산율(합계 출산율)은 1960년대 6명대에서 4명대로, 1970년대 2명대로, 1980년대 1명대로 줄어들고 2018년 마침내 1명 이하인 0.977명으로 떨어진 뒤 2020년 기준 0.840명을 기록하고 있다.[3] 1984년 이후 34년 동안 유지되던 1명대마저 무너져 급기야 소수점 이하로 내려갔다. 반면 우리나라 1인당 평균 국민소득은 1960년 80달러, 1970년 257달러, 1980년 1,698달

러, 1990년 6,601달러, 2000년 1만 2,178달러, 2010년 2만 3,117
달러, 2020년 3만 1,755달러로 증가했다.[4] 출산율의 감소와 소
득의 급격한 증가는 생활수준 향상과 함께 자녀 교육의 강화
로 이어졌고, 40년 가까이 1명대로 유지된 출산율 상황에서 교
육에 남녀 차별이 있을 수 없었다. 남자고 여자고 유사 이래 가
장 많은 교육을 받은 세대가 등장했다. 그 결과 여성들의 경제
능력이 크게 향상되었다. 결혼을 계기로 부모로부터 독립을 하
던 여성들이 고학력을 통해 확보된 경제 능력을 바탕으로 결혼
과 상관없이 독립을 선언하기 시작했다. 20·30대 남자 1인 가
구가 2000년 58만 가구에서 2019년 128만 가구로 121퍼센트
증가한 데 반해, 20·30대 여자 1인 가구는 40만 가구에서 93만
가구로 134퍼센트 증가했다.

네 번째는 기대수명 증가에 따른 노인 인구의 급속한 증가
다. 1970년 우리나라 남녀 전체 평균 기대수명은 62.3세였고
2000년에는 76세였다. 2019년 기준 남녀 전체 평균 기대수명
은 83.3세다. 기대수명이 50년 사이에 21년, 최근 20년 사이에
는 7.3년이 늘어났다.[5] 60세 이상 노인 1인 가구는 2000년 71
만 가구였는데 2019년 기준으로는 207만 가구다. 2000년 대비
2019년 60세 이상 노인 1인 가구가 136만 가구 늘어났다. 수명
증가에 따라 노인 인구가 크게 증가한 만큼 배우자를 먼저 보

낸 노인 1인 가구 수도 크게 늘어날 수밖에 없다. 노인 1인 가구에 있어서는 여자 1인 가구가 남자 1인 가구에 비해 절대적으로 많다. 2000년 기준 60세 이상 노인 1인 가구는 남자가 12만 가구인 데 비해 여자는 59만 가구로 여자가 남자의 5배였다. 2019년에는 남자가 66만 가구인 데 비해 여자는 140만 가구로 여자가 남자의 2배 약간 상회한다. 2019년 기준 남녀 전체 평균 기대수명은 83.3세이고 여자 평균 기대수명은 86.3세, 남자는 80.3세다.[6] 여자가 남자보다 6년 더 길다. 2019년 기준 여자 노인 1인 가구가 남자 노인 1인 가구를 2배 이상 상회하는 것은 바로 이 평균 기대수명 차이 6년이 반영된 결과다.

마지막 다섯 번째로는 외국인의 증가다. 1996년 OECD 가입 이후 우리나라 거주 외국인은 빠른 속도로 늘어났다. 2000년 15만 명이었던 외국인이 2005년 24만, 2010년 59만 그리고 2019년 기준 178만 명에 이른다. 178만 명이면 우리나라 전체 인구의 3.4퍼센트(=178만÷5178만)에 해당하는 숫자다. 2019년 기준 178만 명의 국적 구성을 살펴보면 중국 22만, 한국계 중국인 54만, 동남아 63만, 중앙아시아 9만, 미국 8만 및 기타 등이다.[7] 서울시가 발표한 2020 서울서베이 자료에 의하면 서울시 거주 외국인 중 14.7퍼센트가 1인 가구다.[8] 따라서 178만 명 외국인 전체에 14.7퍼센트를 적용하면 외국인 중 약 26만 명 정도가 1인 가구로 추정된다.

* * *

이와 같은 원인에 의한 1코노미의 급증은 사회 거의 전 영역에 걸쳐 여러 가지 변화를 촉발한다.

먼저, 가장 큰 영향을 받는 쪽은 경제 분야다. 1코노미의 증가로 혼밥(혼자 밥 먹기), 혼술(혼자 술 마시기), 혼놀(혼자 놀기)을 하는 이들이 늘어나면서 1인 소비에 맞는 상품·서비스의 공급 및 매출이 급격히 늘어나고 있다. 1인 가구를 위한 소형 가전, 소형 가구, 소포장 먹거리가 새로운 상품으로 등장하고, '나 홀로 힐링'을 위한 혼캉스(혼자 호텔에서 럭셔리하게 휴식을 즐기는 바캉스)와 같은 서비스가 등장한다. 혼자 밥 먹고, 혼자 술 마시고, 혼자 여행을 가는 것이 이제 더 이상 남의 눈을 의식하는 문제적 행동이 아니라 트렌디한 멋이자 개성이 되어가고 있다.

사실 어느 시대든 시대의 변화를 가장 빨리 읽는 이들은 상인들이다. 1코노미적 소비활동은 앞서 설명한 개인주의 흐름 등 여러 가지 사회적 원인에 의해 심화된 측면도 있지만 기업들의 마케팅 전략에 의해 실제 이상으로 증폭되고 공고화된 측면도 있다. 새로운 소비 욕구 창출을 위해 기업이 끊임없이 새로운 유행과 새로운 소비 패러다임을 만드는 과정에서 실제 이상으로 1코노미가 강조된 측면도 있을 수 있다는 이야기다. 1코노미의 증가는 가구당 평균 소비 금액의 감소를 초래하긴 하지만 사회 전체적으로는 소비를 증가시킨다. 4명이 한 세대로 모여 살 때보다 1명이 각각 4세대로 독립해 살 때 총비용은 늘어날 수밖에 없기 때문이다.

1코노미 경제에서 또 하나 빠트릴 수 없는 것은 주택 관련이다. 2000년에서 2019년 사이에 우리나라 인구는 4613만 명에서 5178만 명으로 565만 명, 12.2퍼센트가 증가했다. 그리고 가구 수는 1431만 가구에서 2034만 가구로 603만 가구, 42.1퍼센트가 증가했다. 인구 증가율 대비 가구 증가율이 3.45배(=42.1% ÷12.2%)나 되었다. 동 기간 가구당 평균 가구원 수가 3.22명에서 2.55명으로 0.67명이 줄어들었기 때문이다. 증가된 603만 가구 중 1인 가구의 증가는 392만 가구로 65퍼센트를 차지한다.[9] 급속하게 늘어난 1코노미는 1인 가구에 적절한 크기의 주택을 필요로 한다. 소형 평수의 주택에 대한 수요가 대형 평수보다 더 많을 수밖에 없다.

1코노미의 급증은 정치에도 영향을 미친다. 경제가 주로 개인의 행동에 영향을 미친다면 정치는 개인보다 국가 정책 또는 입법에 영향을 미친다. 1코노미의 증가는 가족 개념의 재정립,

집합건물의 공유공간 확대 필요에 따른 법적 환경 마련, 1인 가구의 증가를 연령대별로 반영한 복지제도의 세분화 등등 국가 정책의 기본 틀 변경 또는 미세한 조정을 필요로 한다.[10] 국민 복지를 위해 존재하는 것이 국가인 만큼 구성원의 기본적인 삶의 방식 변화는 당연히 이에 대한 국가의 적절한 대응 변화를 요구한다.

1코노미의 급증이 가장 많은 변화를 불러일으키는 대상은 역시 문화 영역이다. 이성적 존재인 인간은 여러 가지 면에서 이중적이다. 홀로 있음으로써 자유의 쾌락을 만끽하지만 동시에 외로움의 고통도 절감한다. 1코노미는 편안함과 함께 고독을 동반한다. 최근 들어 개나 고양이를 키우는 가정이 급격히 늘어나는 것은 1코노미의 증가가 가져온 이런 고독과 무관하지 않다. 사회 흐름에 가장 민감하게 반응하는 영역은 대중매체다. 실시간으로 숫자화되는 시청률에 사활을 걸 수밖에 없는 대중매체들 입장에서 1코노미 현상은 호재다. MBC의 〈나 혼자 산다〉와 같은 프로그램이 오랫동안 높은 시청률을 유지하고, 싱글 라이프를 즐기는 유명인들이 직접 음식을 만드는 모습이 TV에 자주 등장하는 것은 매체와 대중의 '1코노미'를 중심으로 한 적극적인 교감이라 할 수 있다. 대중매체는 사회 흐름을 선도하기도 하고 때로는 뒤따르기도 한다. 그러면서 대중과의 상호 상승 작용을 통해 그 흐름을 강화시켜나간다.

1코노미가 가져온 심각한 부작용 중 하나는 고독사다. 임종(臨終)은 '부모님이 돌아가실 때 그 곁을 지키는 것'을 말한다. 우리나라에서는 일찍부터 자식이 부모님의 마지막 순간을 임종하지 못한 것을 큰 불효로 여겨왔다. 고독사는 우리나라의 오랜 문화전통으로 봐도 그렇고 그냥 인간적으로도 매우 비인류적·비존엄적이다. 2019년 기준 60세 이상 1인 가구는 206.5만 가구로 전체 가구의 10.1퍼센트를 차지한다.[11] 앞으로 시간이 갈수록 고독사가 예외적 죽음이 아닌 보편적 죽음 형태가 될 수도 있다는 이야기다. 고독사가 뉴스가 되는 것이 아니라 가족에게 둘러싸여 평온하게 마지막 순간을 보낸 죽음이 특별한 뉴스거리가 될 수도 있다. 이성을 가진 존재에게는 잘 사는 것도 중요하지만 잘 죽는 것 역시 중요하다.

1인 가구는 '자유'와 '외로움'을 함께 갖는다. '자유'의 이면이 '외로움'이고 '외로움'의 이면이 '자유'다. 사람에 따라 그 자유와 외로움의 비중은 당연히 다르다. 일률적이지 않다. 그러나 세대를 기준으로 하면 대체적인 흐름이 있다. 젊은 세대는 혼자일 때 일반적으로 '외로움'보다 '자유'를 더 크게 느끼고, 노년 세대는 '자유'보다 '외로움'을 더 크게 느낀다. 육체적·정신적으로 기운이 왕성할 때는 구속이 악(惡)이고 자유가 선(善)인 데 반해, 육체적·정신적으로 기운이 쇠락하게 되면 과도한 활동이 악이고 보호와 관심이 선이기 때문이다. 따라서 특정인의 1인 가구로서의 '자유'와 '외로움'의 비중은 청년 때와 노인 때가 당연히 동일하지 않다. 비혼주의의 젊어서의 '자유'가 나이 들어선 '지독한 외로움'으로 바뀔 가능성이 높다는 이야기다.

1코노미는 가족 소멸의 원인이자 결과다. 청년 세대의 1코노미는 가족 소멸의 원인이고 노년 세대의 1코노미는 가족 소멸의 결과다. 노년 세대의 1코노미는 불가항력적이다. 그러나 청년 세대의 1코노미는 불가항력적 측면도 있을 수 있지만, 인생 전체적으로 볼 때는 분명 선택적이다.

12

아빠 찬스

진정한 부모의 역할

'아빠 찬스'가 궁극적으로는 '지옥의 찬스'일 수도 있다.
물려받는 부와 영향력이 곧 행운의 '찬스'가 아닐 수도 있다는 이야기다.

'아빠 찬스'는 '조국 법무장관 후보자가 쏘아 올린 큰 공'이었다. 장관 후보자의 자녀 진학에 후보자인 부모의 영향력 내지는 도움이 작용했다는 의혹이었다. 물론 그 영향력과 도움이 법적으로 문제가 있는지 아니면 도덕적인 문제 정도로 끝날 일인지는 언론이나 여론이 아닌 재판이 가릴 일이다.

'하늘 높이 솟아오른 큰 공'인 조국 법무장관 후보자의 '아빠 찬스' 의혹은 수많은 다른 '아빠 찬스' 의혹들을 한꺼번에 음지에서 햇볕 아래로 끌어냈다. 새로운 대학 입학전형 도입과 그 신설된 전형을 통한 딸의 대학 합격에 영향력을 미치고 또 고등학생 아들의 논문 작성과 관련해 부당하게 영향력을 행사했다는 의혹을 사고 있는 전임 야당 원내대표의 '아빠 찬스', 아들과 아들의 여자 친구에게 자신이 근무하는 대학병원의 입사 시험문제를 사전에 유출해 둘 모두를 합격시킨 의혹을 받고 있는 국립대학병원 사무국장의 '아빠 찬스', 연예인 자녀들의 문턱 없는 연예계 진입의 '아빠 찬스' 등 다양한 '아빠 찬스'들이 햇살 좋은 날 선명하게 드러나는 거실 바닥의 먼지 뭉치처럼 갑자기 그 모습을 드러냈다.

여기저기서 드러나는 '아빠 찬스'에 보통 사람들은 분노하다 미안해하다 시간이 지나면서 무력감에 빠진다. 힘이 센 이들에게 분노하고, 부모를 잘못 만난 자식에게 미안하고, 분노 외에 아무것도 할 수 없는 스스로에게 무력감을 느낀다.

* * *

'아빠 찬스'의 최고봉은 왕정 시대 아빠로부터 왕위를 물려받는 것이다. 왕정 시대 왕은 그 나라의 유일한 주권자였다. 땅과 사람 모든 것을 지배했다. 땅 소유 내지는 이용권 결정에 국가가 절대적으로 영향력을 행사했고 어느 한 사람의 생명을 살리고 빼앗는 일 역시 국가가 결정했다. 그리고 그 국가의 정점에 왕이 있었다. 태어나 보니 아빠가 왕이다? 이것은 바로 이 세상 모든 것에 대한 절대적이고도 배타적인 찬스를 갖는 것을 의미했다. 재산, 노동력 그리고 권력 모든 것에 대한 지배였다. 이 세상에서 가장 큰 '아빠 찬스'였다. 이 왕위를 물려받는 '아빠 찬스' 중에서도 으뜸은 자신의 인생에서 최대한 이른 시기에 찬스를 물려받는 것이다. 100년이 안 되는 한정된 삶에서 조금이라도 일찍부터 오랫동안 '아빠 찬스'를 누릴 수 있기 때문이다.

프랑스 부르봉 왕조의 태양왕 루이 14세(1638~1715)는 5세 때 왕위에 올라 77세에 죽었다. 72년간 왕위를 누렸다. 재위 중 유럽 문화의 중심이 된 베르사유 궁전을 세웠고 '내가 곧 국가다'라고 자부할 정도로 절대왕정의 전성기를 구가했다. 뒤를 이은 루이 14세의 손자 루이 15세(1710~1774) 역시 5세에 왕위에 올라 64세에 죽었다. 59년간을 왕위에 머물렀다. 600여 년을 거슬러 올라 프랑스 카페 왕조의 필립 1세(1052~1108)는 8세, 다시 부르봉 왕조로 돌아와 루이 14세의 아버지인 루이 13세(1601~1643)는 9세에 왕위에 올랐다. 인류 역사상 최고의 '아빠 찬스'를 가장 오랫동안 누린 이들이다.

그런가 하면 5세 정도가 아니라 아예 걷지도 못하고 말도 못하는 상태에서 왕위라는 '아빠 찬스'를 받은 이도 있다. 스페인의 아르마다 함대를 격파시켜 영국 중흥기의 반석을 다진 엘리자베스 1세(1533~1603)의 5촌 조카 메리 스튜어트가 바로 그다. 메리 스튜어트(1542~1587)는 아버지인 스코틀랜드의 왕 제임스 5세가 잉글랜드와의 전쟁 후유증으로 죽자 뒤를 이어 왕위에 올랐다. 태어난 지 일주일 만이었다. 강보에 싸인 상태에서 스코틀랜드의 땅과 사람들에 대한 지배권이라는 찬스를 잡았다. 프랑스와의 100년 전쟁 중 왕위에 오른 영국의 헨리 6세(1421~1471)는 생후 9개월에 즉위했다.

우리나라 왕정도 예외는 아니다. 조선 왕조 24대 왕인 헌종(1827~1849)은 7세에 왕위에 올랐다. 그 앞의 23대 순조(1790~1834)는 10세, 6대 단종(1441~1457)과 13대 명종(1534~1567) 그리고 26대 고종(1852~1919)은 11세에 왕위에 올랐고, 9대 성종(1457~1494)은 12세, 19대 숙종(1661~1720)은 13세에 왕위에 올랐다. 지금으로 치면 유치원생이거나 초등학교 코흘리개가 '아빠 찬스'로 이 땅과 이 땅에 몸 붙이고 사는 이들의 주인 노릇을 했던 셈이다.

예정된 드라마는 재미없다. 같은 '아빠 찬스'라도 예정 없이 갑자기 주어질 때 더 짜릿하다. 조선 왕조 25대 왕 철종(1831~1863)은 18세 때 어느 날 갑자기 왕위에 오른다. 24대 왕 헌종이 죽으면서 21대 왕 영조의 혈손으로 남은 이로 그가 유일했기 때문이었다. 그야말로 '거지와 왕자' 스토리였다. 조상을 잘 둔 '아빠 찬스'로 교육도 제대로 받지 못하고 강화도에서 농사를 짓던 18세 사내가 갑자기 한 나라의 군주로 신분 상승한 것이다.

로마의 2대 황제 티베리우스는 1대 황제인 옥타비아누스의 친아들이 아니었다. 옥타비아누스의 부하인 티베리우스 클라우디우스 네로의 아들이었다. 옥타비아누스가 네로를 설득해 부인과 이혼하게 하고 자기가 그 부인과 결혼을 하는데 이때 그 부인이 데리고 온 아이가 바로 티베리우스였다. 티베리우스는 '아빠 찬스', 아니 정확히 표현하면 '엄마 찬스'로 로마제국 2대 황제의 자리에 오른 셈이다.

그런데 로마제국사에서 최고의 '엄마 찬스'는 사실 티베리우스가 아니다. 바로 악(惡)의 대명사로 널리 알려진 5대 황제 네로다. 4대 황제인 클라우디우스는 다섯 차례 결혼을 한다. 그 마지막 5번째로 재혼한 상대가 아그리피나였다. 그리고 이때 아그리피나가 데려온 아이가 네로였다. 황제 클라우디우스는 황후 아그리피나에 의해 독살된다. 그리고 아그리피나는 자신의 배로 낳은 아들 네로에 의해 살해당한다. 최고의 '엄마 찬스'가 결과적으로 최고의 비극을 낳은 셈이다. 어찌 되었든 엄마의 재혼으로 누리게 된 황제 자리 자체는 최고의 '아빠 찬스'였다.

흔한 경우는 아니지만 '아빠 찬스'를 걷어찬 이들도 있다. 왕정 시대 왕위를 저버린 사람들이다. 중국 고대 은 왕조가 주 왕조로 교체되는 때 고죽국의 왕자 백이와 숙제는 형제 간에 서로 왕위를 미루다 결국 둘 다 왕위를 버리고 나라를 떠난다.

불교의 창시자 고타마 싯다르타는 인도 북부지역 샤카족의 왕자였다. 29세 때 싯다르타는 삶에 대한 근원적인 해답을 얻기 위해 왕자의 자리를 버린다. 6년간의 고행 끝에 깨달음을 얻은 싯다르타는 45년간 그 깨달음을 전파하다 입적한다. 그리고 영원한 인류의 스승, 영원한 깨달음 세계의 왕으로 남는다.

1936년 '해가 지지 않는 나라' 영국의 왕위에 오른 에드워드 8세는 1년이 안 되어 스스로 퇴위한다. 유부녀인 심프슨 부인과의 결혼을 위해서였다. 에드워드 8세는 왕위를 버린 뒤 프랑스에 정착한다. 왕위는 에드워드 8세의 동생인 조지 6세에게로 넘어가고 조지 6세의 왕위는 그의 딸인 엘리자베스 2세에게로 넘어간다. 엘리자베스 2세는 현재 영국 역대 왕 중 최장수 재위를 기록하고 있다. 뜻하지 않은 운명으로 왕이 되고 거기에 최장수까지 기록하고 있는 중이다.

역사에는 '아빠 찬스'가 행운이 아닌 '죽음의 찬스'가 된 경우도 있다. 후삼국 시대 초기 주도권을 쥔 인물은 후백제의 견훤이었다. 견훤은 장남인 신검을 배제하고 자신이 총애하는 넷째 아들 금강을 태자로 세운다. 그러나 이런 '아빠 찬스'의 행운은 '죽음의 찬스'와 더불어 '망국의 찬스'가 되고 만다. 태자 금강은 형 신검에 의해 살해당하고 45년 역사의 후백제는 자멸의 길로 들어서고 만다.

당나라를 창업한 고조 이연은 장남 건성을 태자로 세운다. 당 왕조 창업에 이렇다 할 기여 없이 장남이라는 이유만으로 주어진 '아빠 찬스'였다. 이연과 창업 동지인 차남 이세민은 형 건성을 죽인다. 그리고 스스로 2대 황제 태종으로 즉위한다. '아빠 찬스'로 위장해 찾아온 '죽음의 찬스'였다.

조선 왕조를 연 태조 이성계는 권세가에서 시집온 둘째 부인 신덕왕후의 차남 방석을 태자로 삼는다. 외가의 배경으로 태자 자리를 쥐게 된 '엄마 찬스'였다. 아버지 이성계의 개국 공동 창업자인 방원은 왕자의 난을 일으켜 배다른 동생인 태자 방석 그리고 그의 형 방번을 죽인다.

런던 시내의 템스 강 타워브리지 바로 옆에는 런던 타워라는 하얀 성이 자리하고 있다. 런던 타워는 1066년 프랑스 노르망디에서 건너와 영국 왕이 된 정복왕 윌리엄 1세가 세운 성이다. 바로 이곳이 영국 역사 내내 '아빠 찬스'가 '죽음의 찬스'로 바뀐 비극의 현장이다. 본인의 의지와 상관없이 시아버지의 과욕으로 9일간 왕위에 머물다 영문도 모른 채 참수를 당한 제인 그레이(1536~1554)라는 여성이 갇혀 있었던 곳이 바로 이 런던 타워이고, 랭커스터가와 요크가 사이의 왕권쟁탈전인 장미전쟁(1455~1485) 중 요크가에 의해 살해당한 헨리 6세(1421~1471)가 갇혀 있던 곳이 바로 이 런던 타워다. 12세의 에드워드 5세(1470~1483)가 재위 2개월 만에 작은아버지인 리처드 3세(1452~1485)에게 왕위를 빼앗기고 9살 난 동생과 함께 살해당한 곳도 이 런던 타워이고, 헨리 8세(1491~1547)의 두 번째 왕비이자 엘리자베스 1세(1533~1603)의 생모인 앤 불린이 참수당한 곳도 바로 이 런던 타워다. 런던 타워는 최고의 행운이 어느 날 갑자기 최악의 불행이 되어버린 역설의 현장이다.

* * *

'아빠 찬스'는 인간의 본능과 이기주의에서 비롯된다. DNA로 이어지는 자신의 생명의 연장인 자식이 적자생존의 현실에서 '오랫동안', '잘 살아남기'를 본능적으로 추구하는 이기주의다. 따라서 사람들의 내로남불적 행동에서 '내가 하면 로맨스'와 '남이 하면 불륜' 간에 가장 큰 간극을 드러내는 곳이 바로

165

이 '아빠 찬스', 즉 자식에 대한 본능적·맹목적 지원 영역이다. 정신적 당위와 현실적 행동 사이에 가장 큰 간극을 보이는 곳 역시 이 '아빠 찬스' 영역이다. 자식에 대한 본능적·맹목적 지원의 '아빠 찬스'에서 사람들은 아래 셋 중 하나를 선택한다.

① 법적으로는 물론 도덕적으로도 문제가 있다면 하지 않는다

② 법적으로만 문제 없다면 행동에 나선다

③ 법적으로 문제가 있더라도 걸리지 않을 수만 있다면 행동에 나선다

사람들은 대부분 ②를 선택하고 때로는 ③을 선택하기도 한다. 이 글 서두에 제기한 의혹들이 사실로 밝혀진다면 많은 경우 ③에 해당한다. 그런데 사람들이 타인에게 요구하는 '아빠 찬스'에 대한 기대 수준은 다수가 ①이고 소수가 ②다. 나와 타인에 대한 적용 기준 간에 간극이 크다. 본능과 도덕 영역 사이에는 원래 넓고 깊은 강이 흐른다.

'아빠 찬스'에 대한 현실적 해법은 두 단계다. 첫째, ③의 행동에 대해 법적으로 예외 없이 엄격하게 단죄하는 것이다. 사실 따지고 보면 '아빠 찬스'라는 말이 나오게 된 배경은 주로 이 ③에 대한 사법의 선택적 단죄 때문이다. 둘째는 사람들이 스스로와 타인에게 적용하는 '아빠 찬스'에 대한 기준의 간극을 좁히는

것이다. 스스로에게는 ①을 적용하려 노력하고, 타인에게는 ②의 잣대를 적용하는 것이다.

앞의 두 단계는 함께 이루어져야 한다. 두 단계가 모두 이루어져야 하는 이유는 '아빠 찬스' 문제가 사법의 선택적 단죄 때문에 일어나기도 하지만, 스스로와 타인에게 적용하는 사람들의 기준의 간극 크기에서 비롯되는 부분도 많기 때문이다.

현대 자본주의 사회에서 가장 두드러진 '아빠 찬스'는 태어나 보니 아빠가 재벌인 경우다. 시간이 지나면 능력과 상관없이 회장 자리를 물려받는다. 최고의 '아빠 찬스'다. 재벌 후계자는 왕정 시대 왕위 후계자와 많이 닮았다. 큰 부(富)와 많은 사람들에 대한 절대적인 지배력이라는 측면에서 그렇다. 그런데 닮은 것은 밝은 부분뿐만이 아니다. 어두운 부분도 닮았다. 형제 간의 후계 다툼, 부모자식 간의 재산 다툼, 더 많은 부를 갖기 위한 끊임없는 경쟁 또는 그 반대로 물질적 과잉의 무료함에 따른 갖가지 일탈 행위들이 그렇다. 매일같이 언론을 통해 접하는 재벌가 소식은 주로 뒤의 어두운 부분들이다. 때로는 괴기스럽기까지 하다. '아빠 찬스'가 궁극적으로는 '지옥의 찬스'일 수도 있다. 물려받는 부와 영향력이 곧 행운의 '찬스'가 아닐 수도 있다는 이야기다.

삶의 궁극적인 목적은 행복이다. 부와 영향력은 행복을 구성하는 요소이고 수단이지 행복 그 자체는 아니다. 아리스토텔레스는 행복은 '상태'가 아닌 '활동'에 있다[1]고 말하고, 자본주의의 종조인 애덤 스미스(Adam Smith, 1723~1790)는 "한 걸음 한 걸음씩 위로 올라가는 사람이 가장 행복한 사람이다"[2]라고 말한다. 행복은 처음부터 많이 가진 상태가 아닌 무엇인가 갖기 위해 노력하는 활동 과정에서 갖게 되는 감정이라는 이야기다.

최고의 '아빠 찬스'는 다름이 아니다. 부모인 당신이 더 이상 이 세상에 존재하지 않더라도 당신의 자녀가 독립적으로 자신의 행복을 씩씩하게 쟁취해나갈 수 있는 힘을 갖도록 도와주는 것이다. 한참 자라는 아이에게 서 있는 것이 힘들 터이니 하루 종일 침대에 누워 있기만 하라고 하는 것은 '아빠 찬스' 아닌 '아빠 저주'다. 평생 자식을 두 발로 설 수 없게 만드는 치명적 저주다.

13

흙수저
나를 위한 선택

2005년 6월 12일 중년의 한 남자가 대학 졸업식 연단에 올라섰다.
그리고 이야기를 시작했다.

세계 최고의 명문 대학 졸업식에 연사로 초대되어 여러분과 함께할 수 있게 된 것을 진심으로 영광으로 생각합니다. 솔직히 말해 저는 대학을 졸업하지 못했습니다. 오늘 이 자리가 지금까지 제 삶에서 대학 졸업식을 가장 가까이서 지켜보는 자리입니다. 오늘 저는 여러분들에게 세 가지 말씀을 드리고자 합니다. 말씀드리고자 하는 내용은 그리 거창한 것은 아니고 지금까지 저의 삶에서 있었던 것들입니다.

첫 번째로 말씀드릴 것은 살아가면서 인생의 전환점들이 어떻게 연결되는가에 대해서입니다.

169

저는 리드 대학을 6개월 다니다 그만두었습니다. 그러나 학교를 그만 두고도 18개월이나 캠퍼스에 머물러 있었습니다. 왜 학교를 그만두게 되었느냐고요? 그 이유를 말씀드리려면 제가 태어났던 때로 거슬러 올라가야 합니다.

제가 태어났을 때 저의 생모는 아직 미혼의 대학원 학생이었습니다. 아이가 태어나면 양육이 어려울 것으로 판단한 저의 생모는 제가 태어나기 전에 이미 저를 입양 보내기로 결정했습니다. 생모는 저의 양부모가 될 사람은 반드시 대학교육을 받은 사람들이어야 된다고 생각했고, 생모의 바람대로 저는 태어나자마자 남편이 변호사인 부부에게 입양되는 것으로 예정되어 있었습니다.

그런데 일이 잘못되려 그랬던지 예정된 양부모는 제가 세상에 태어났을 때 자신들이 원하는 아이는 딸아이지 사내아이가 아니라며 저의 입양을 거부했습니다. 그날 밤 늦게, 입양 대기자 명단에 이름을 올려놓았던 나의 미래의 양부모는 한 통의 전화를 받습니다. '사내아이인데 이 아이를 입양하시겠습니까?'라는 내용이었죠. 나의 미래 양부모는 '좋다'고 대답했습니다. 생모는 나중에야 나의 양모가 대학을 졸업하지 않았고, 나의 양부는 고등학교도 졸업하지 못한 사람이라는 것을 알게 되었습니다. 생모는 최종 입양동의서에 서명하기를 거부했습니다. 그러다가 몇 달이 지난 후 나의 양부모가 나를 어떻게든 대학까지 보내겠다고 약속하자 그때야 마지못해 서명했습니다. 이런 우여곡절을 거쳐 저의 인생은 시작되었습니다.

17살이 되자 저는 양부모님이 생모에게 약속한 대로 대학에 진학합니다. 그런데 저는 별생각 없이 거의 이 스탠퍼드 대학만큼이나 학비가 비싼 대학을 선택했습니다. 양부모님이 노동으로 한 푼 두 푼 저축한 돈이 모두 저의 대학 학비로 들어갔습니다. 입학해 6개월이 지나자 저는 대학에서 가르치는 내용에 별 특별한 가치를 느낄 수 없었습니다. 인생에서 진짜 하고 싶은 것이 무엇인지도 알 수 없었고 대학이 그런 것을 가르쳐주리라는 확신도 들지 않았습니다. 게다가 저는 양부모님이 평생에 걸쳐 힘들게 저축한 돈을 뭉턱뭉턱 쓰고 있는 중이었습니다. 저는 학교를 그만두기로 마음먹었고, 그만두어도 어떻게 일이 잘 풀려나가겠지 하고 생각했습니다. 학교를 그만두는 것은 사실 두려운 일이었습니다. 그러나 지금 돌이켜보면 그것은 제가 지금까지 내린 결정 중 가장 잘한 결정이었습니다. 학교를 그만둔 순간 저는 이제 제가 듣기 싫어했던 필수과목들을 듣지 않아도 되었습니다. 그리고 평소 흥미 있었던 과목들을 청강할 수 있었습니다.

물론 청강생으로 지내는 것이 낭만적이지만은 않았습니다. 기숙사를 나왔으니 잘 곳이 없어 친구들 기숙사를 전전하면서 마룻바닥 신세를 져야 했습니다. 밥값 마련을 위해 빈 콜라병을 가게에 가져다주고 5센트 보증금을 받기도 하고, 해어 크리슈나 사원에서 제공하는 공짜 음식을 먹기 위해 일요일 저녁마다 11킬로미터나 되는 거리를 걷기도 했습니다. 사원에서 먹었던 저녁은 지금 생각해도 훌륭했습니다.

제 자신의 호기심과 직관을 좇는 과정에서 겪게 된 여러 경험들은 시간이 지난 뒤 돈으로 환산할 수 없는 엄청난 가치가 되어 돌아왔습니다. 그중 하나의 사례를 말씀드리겠습니다. 리드 대학은 당시 미국에서 가장 탁월한 서체(書體) 강좌를 개설하고 있었습니다. 학교 이곳저곳에 붙어 있는 포스터나 하다못해 서랍에 붙어 있는 작은 이름표에서도 손으로 쓴 아름다운 서체를 찾아볼 수 있었습니다. 학교를 그만둬 정규 수업을 들을 필요가 없게 된 저는 이런 글씨체가 어떻게 만들어지는지를 알아보기 위해 서체 강좌를 들어보기로 했습니다. 서체 강좌 청강을 통해 저는 세리프 서체와 산세리프 서체를 익히게 되었고, 글자 간 공간을 조정하는 것이라든가 뛰어난 서체를 더 훌륭하게 만드는 방법 등도 익히게 되었습니다. 그때 제가 접한 서체들은 너무 아름다웠고 그때까지 그 어디서도 본 적이 없는 훌륭한 것들이었고 과학으로 설명하기 어려운 예술성을 지니고 있었습니다. 진짜 환상적이었습니다. 당시 저는 이런 서체에 대한 경험이 내 인생에 어떤 실질적인 도움으로 연결될지 한 번도 생각해본 적이 없었습니다.

그로부터 10년 후 저는 매킨토시 컴퓨터를 설계합니다. 이때 서체에 대한 지식과 경험은 저에게 큰 도움이 됩니다. 매킨토시 컴퓨터에서 이 서체에 대한 지식들이 그대로 구현된 것이죠. 아름다운 서체를 구현한 최초의 컴퓨터가 탄생하게 된 것이죠. 만일 10년 전 대학에서 제가 그 서체 강좌를 청강하지 않았다면, 맥 컴퓨터는 그렇게 다양하고 비례적으로 간격이 조정되는 뛰어난 서체를 가질 수 없었겠죠. 아울러 윈도우는 결국 맥 컴퓨터를 본떴기 때문에 오늘날 개인 컴퓨터(PC) 역시 그런 뛰어난 서체를 가질 수 없었을 것입니다. 만일 제가 대학을 중퇴하지 않았다면 서체 강좌를 청강할 일은 결코 없었을 터이고, 오늘날의 개인 컴퓨터(PC) 역시 여러분들이 지금 즐기고 있는 그런 환상적인 서체를 제공할 수 없었을 것입니다. 제가 대학에서 청강할 때 미리 앞날을 내다보면서 인생의 전환점들을 연결한다는 것은 불가능한 일입니다. 그러나 10년 뒤 과거를 돌아보면 전환점의 연결이 매우 선명하다는 것을 알 수 있습니다.

여러분은 미래를 미리 내다보며 전환점들을 연결할 수 없습니다. 과거를 돌아보며 전환점들이 연결되어 있다는 것을 확인할 수 있을 뿐입니다. 따라서 여러분은 지금 여러분이 만들고 있는 점들이 미래와 어떻게든 연결된다는 것을 믿으셔야 합니다. 또한 여러분의 직감, 운명, 기회, 업보 등 무엇인가를 믿어야 합니다. 전환점들이 이어져 인생 행로가 된다는 것을 믿음으로써 여러분은 자신의 마음이 가리키는 대로 확신을 가지고 따라갈 수 있습니다. 심지어 그것이 여러분을 잘 다듬어진 길로부터 벗어나게 안내하는 경우에도 말입니다. 그것이 결국 여러분의 삶을 크게 달라지게 할 것입니다.

두 번째, 사랑과 상실에 대해서입니다.

저는 운 좋게도 제 인생에서 제가 하고 싶은 일이 무엇인지를 일찍 발견했습니다. 저는 워즈와 함께 제 나이 20살 때 저의 부모님 차고에서 애플을 창업했습니다. 우리는 열심히 일했고, 10년이 지난 뒤 애플은 4천 명이나 되는 직원이 일하는 20억 달러짜리 회사로 성장했습니다. 제 나이 29살 때 세계에서 가장 뛰어난 컴퓨터인 매킨토시를 출시했습니다. 그리고 1년 뒤인 30살 때 회사로부터 해고를 당했습니다. 제가 창업한 회사에서 어떻게 제가 해고를 당하는 일이 벌어질 수 있죠? 그렇습니다, 애플이 급성장하자 우리는 회사를 잘 경영할 수 있는 전문경영인을 영입했습니다. 영입한 첫해는 모든 것이 순조로웠습니다. 그러나 시간이 지나면서 애플의 미래 비전에 대한 견해차가 커지기 시작했고 결국 우리는 완전히 사이가 틀어지고 말았습니다. 이때 회사 이사회는 창업자인 제가 아닌 그의 편을 들었습니다. 제 나이 30에 저는 제가 세운 회사에서 쫓겨났습니다. 그것도 공공연하게. 그동안 제가 이룬 모든 것이 하루아침에 사라져버렸으니 그것은 참으로 저에게 엄청난 충격이었습니다.

저는 몇 달 동안 방황했습니다. 그러다 문득 저는 실리콘밸리의 선배 창업가 세대가 저에게 건네준 전통의 바톤을 떨어뜨려 그들을 실망시켰다는 생각이 들었습니다. 데이비드 패커드(HP 공동 설립자)와 밥 노이스(인텔 설립자)를 찾아가 저의 잘못에 대해 사과했습니다. 저는 실리콘밸리의 공인된 실패자였습니다. 실리콘밸리에서 멀리 도망쳐야겠다는 생각도 했습니다. 그러나 시간이 지나면서 저는 무엇인가를 서서히 깨닫기 시작했습니다. 바로 제가 했던 일들을 여전히 제가 사랑하고 있다는 사실이었습니다. 애플에서의 그 충격적인 사건이 지금까지 제가 해온 일에 대한 저의 열정을 조금도 위축시키지 못했습니다. 저는 쫓겨났습니다. 그러나 저는 여전히 저의 일을 사랑했습니다. 그래서 저는 다시 일어서기로 마음먹었습니다.

당시는 깨닫지 못했지만, 지금 돌이켜보면 애플에서 쫓겨난 것이 지금까지 제 삶에 있었던 일 중에서 최고의 행운이었습니다. 미래가 매우 불확실해지기는 했지만 꼭 성공해야 한다는 중압감을 벗어나 처음부터 다시 가벼운 마음으로 시작할 수 있었습니다. 제 인생에서 가장 창의적인 시기 중 한때가 바로 이때 시작되었습니다.

이때부터 5년 동안 저는 넥스트(NeXT) 사를 설립하고 픽사(Pixar)를 인수했고, 또 한 매력적인 여성과 사랑을 시작했습니다. 그 매력적인 여성이 바로 지금의 제 아내죠. 픽사는 세계 최초의 장편 컴퓨터 애니메이션 영화인 <토이 스토리(Toy story)>를 세상에 내놓았고 지금은 세계에서 가장 성공한 애니메이션 제작사가 되었습니다. 그리고 진짜 놀랄 만한 반전이 있었으니 바로 애플이 넥스트 사를 사들인 사건입니다. 저는 다시 애플로 복귀했고 넥스트 사에서 제가 개발했던 기술은 지금 진행되는 애플의 2차 성장에 핵심적인 기여를 하고 있습니다. 그리고 저의 아내 로렌과 저는 지금 행복한 가정을 꾸리고 있습니다.

제가 지금 누리는 모든 것들은 만일 애플에서 제가 해고되는 일이 없었다면 존재하지 않았을 것들입니다. 쓴 약을 먹는 것이 두렵더라도 환자는 그 약을 먹어야 합니다. 때때로 인생은 벽돌로 당신의 뒤통수를 때릴 수도 있습니다. 그렇더라도 여러분은 신념을 잃어서는 안 됩니다. 나를 계속해서 앞으로 나아가게 하는 유일한 힘의 원천은 바로 내가 하는 일을 내가 진정으로 좋아하는 것입니다. 여러분은 여러분이 진정으로 좋아하는 일을 찾아야 합니다. 진짜 사랑하는 사람을 찾는 것처럼 진짜 좋아하는 일을 찾아야 합니다. 일은 여러분의 삶의 시간 대부분을 차지합니다. 만족스러운 삶을 사는 유일한 방법은 당연히 여러분이 가장 멋진 일이라고 생각하는 그 일을 하면서 사는 것입니다. 그리고 그 멋진 일을 하는 유일한 방법은 바로 여러분이 하는 일을 진정으로 좋아하는 것입니다. 자신이 좋아하는 일을 아직 찾지 못하셨다면 계속해서 찾으셔야 합니다. 포기하지 마십시오. 정성을 다해 찾다 보면 그 일을 발견하는 순간 알게 됩니다. 그리고 모든 멋진 관계가 그런 것처럼 시간이 지날수록 그 일이 점점 더 좋아질 것입니다. 따라서 계속 찾으십시오. 절대로 포기하지 마십시오.

세 번째, 죽음에 대해서입니다.

저는 17살 때 어느 책에선가 이런 문장을 읽었습니다. '만일 하루하루를 당신 삶의 마지막 날인 것처럼 산다면, 어느 날 당신은 당신의 삶이 옳았다는 것을 확신하게 될 것입니다'라는 문장입니다. 저는 이 문장에 감동받았고, 그 뒤로 33년간 매일 아침 거울을 보며 저에게 물었습니다. '만일 오늘이 삶의 마지막 날이라면, 내가 지금 하려는 이 일을 나는 할 것인가?' 하고요. '아니다'라는 답이 계속해서 나올 때마다 저는 무엇인가 변화할 필요를 느꼈습니다.

'내가 곧 죽을 수도 있다'는 생각은 삶에서 중요한 결정을 내릴 때마다 저에게 큰 도움이 되었던 기준입니다. 우리가 죽음을 앞두었을 때 외부의 시선, 자신을 드러내려는 마음, 체면과 실패에 대한 두려움과 같은 것들은 별 의미를 가지지 못합니다. 진짜 소중한 것들만 남게 되는 것이죠. 여러분 자신이 언제든지 죽을 수 있다는 사실을 염두함으로써 여러분은 무엇인가 잃을지도 모른다는 두려움의 함정에서 벗어날 수 있습니다. 여러분은 지금 출발선상에 서 있어 잃을 것이 없습니다. 여러분 내면의 목소리가 말하고 있는 것을 따르지 않을 이유가 없습니다.

1년 전 저는 암 진단을 받았습니다. 아침 7시 30분에 검사를 받았는데 췌장에 종양이 있는 것을 선명하게 볼 수 있었습니다. 저는 그 전까지 췌장이 무엇인지도 몰랐습니다. 그런데 의사 말이 췌장암은 거의 치료 불가능한 형태의 암이라는 것이었습니다. 그리고 저는 길어봐야 3달 내지 6달밖에 살 수 없을 것이라는 이야기였습니다. 집에 머물면서 주변을 정리하는 것이 좋겠다고 담당 의사가 말했습니다. 죽음을 준비하라는 이야기죠. 그것은 곧 당신이 당신 자녀들에게 앞으로 10년 동안 말해야겠다고 생각한 것을 단 몇 달 안에 해치워야 한다는 의미이고, 제가 죽고 난 다음 남은 가족들이 어려움 없이 뒷일을 처리할 수 있도록 모든 것을 잘 정리하라는 의미이고, 그리고 또 작별 인사를 하라는 의미이죠.

그날 하루 종일 제 머릿속에는 병원 진단 결과만 맴돌았습니다. 저녁

늦게 저는 조직검사를 받았습니다. 의사가 목구멍으로 내시경을 집어넣었습니다. 위를 지나 장으로 들어가 췌장을 바늘로 찔러 약간의 암세포를 채취했습니다. 마취상태였던 저에게 함께 있던 아내가 상황을 설명해주었습니다. 의사들이 현미경으로 채취한 암세포를 분석해본 결과 췌장암이긴 한데 매우 드물게 수술로 치료가 가능한 췌장암이라는 것이었습니다. 저는 수술을 받았습니다. 그리고 감사하게도 지금 이렇게 건강합니다.

이것이 제가 제 인생에서 죽음에 가장 가까이 가봤던 경험입니다. 저는 앞으로 몇십 년 동안 두 번 다시 이렇게 죽음 가까이 갈 일이 없기를 희망합니다. 이렇게 죽음 문턱까지 갔던 경험을 통해 저는 단순히 머리로만 이해하고 있을 때보다 좀 더 확신을 가지고 죽음의 유용성을 여러분에게 말씀드릴 수 있습니다. 죽기를 원하는 사람은 이 세상에 단 한 사람도 없습니다. 천국을 원하는 사람도 그곳에 가기 위해 죽기를 바라지는 않습니다. 그러나 죽음은 결국 우리 모두가 가야 할 종착지입니다. 지금까지 그 어떤 사람도 죽음을 피하지 못했습니다. 그것은 마땅히 그래야 합니다. 죽음은 삶이 창조한 최고의 작품과 같은 것이니까요. 죽음은 삶의 또 다른 이면입니다. 죽음이 있기에 낡은 것이 일소되고 새로운 것이 시작될 수 있습니다. 지금 이 자리에 계신 여러분은 새롭게 시작하는 새로운 세대입니다. 그러나 머지않아 때가 되면 여러분 역시 구세대가 되어갈 것이고 그러다 어느 날 세상을 주도하는 무대에서 내려와야 합니다. 너무 단적으로 말씀드린 것 같아 죄송하지만 그것은 엄연한 사실입니다.

여러분의 삶은 한정되어 있습니다. 절대로 다른 이의 삶을 살면서 인생을 낭비하지 마십시오. 다른 사람의 생각에 맞춰 사는 그런 도그마의 함정에 빠지지 마십시오. 다른 사람들의 값싼 의견이 여러분들 내면의 목소리를 압도하는 그런 상황을 허용하지 마십시오. 그리고 무엇보다 중요한 것은 여러분 자신의 내면의 소리와 영감(靈感)을 따르겠다는 용기를 가져야 한다는 것입니다. 여러분 내면의 소리와 영감은 여러분이 진정 되고자 하는 모습을 이미 알고 있습니다. 그외 다른 모든 것들은 결국 부차적인 것들입니다.

제가 어렸을 때 《지구 백과(The whole earth catalog)》라는 책이 있었습니다. 당시 제 세대 아이들에게는 거의 경전이나 다름없는 책이었죠. 여기에서 그리 멀리 떨어지지 않은 멜론 파크의 스튜어트 브랜드라는 사람이 쓴 책인데 시적 감성까지 더해진 멋진 책이었습니다. 1960년대 후반으로 아직 PC나 전자출판이 등장하기 전이었으니 책은 타자기, 가위, 폴라로이드 사진기와 같은 도구와 기계로 만들어졌겠죠. 《지구 백과》는 오늘날로 말하자면 종이 형태의 구글이었습니다. 아직 구글이 등장하기까지는 35년을 더 기다려야 할 때였죠. 간단한 도구와 놀라운 아이디어로 탄생한 《지구 백과》는 매우 이상적이고도 풍부한 내용이 담긴 훌륭한 책이었습니다.

스튜어트는 《지구 백과》 책을 몇 가지 주제로 나누어 펴냈습니다. 그리고 기획했던 주제들을 차례대로 다뤄 마지막 주제 책까지 출간했습니다. 그때가 1970년대 중반이었습니다. 바로 제가 여러분 정도의 나이 때였죠. 그때 마지막 펴낸 주제 책의 뒤표지에 이른 아침의 시골길 풍경 사진이 실렸었습니다. 여행을 좋아하는 사람이라면 당장이라도 무전여행을 떠나고 싶은 마음이 들게 하는 그런 사진이었습니다. 사진 밑에는 이런 말이 쓰여 있었습니다. '항상 갈망하라, 그리고 우직하게 정진하라(Stay Hungry, Stay Foolish)'라는 내용이었습니다. 《지구 백과》 시리즈를 마무리하면서 스튜어트가 남긴 마지막 메시지였습니다. '항상 갈망하라, 그리고 우직하게 정진하라.' 저는 항상 저 자신에게 이 말을 들려줍니다. 그리고 지금, 여러분들은 사회를 향한 새로운 출발을 위해 이 졸업식 자리에 섰습니다. 새로운 인생 여행을 출발하는 여러분들에게 똑같은 말을 들려주고 싶습니다.

'항상 갈망하라, 그리고 우직하게 정진하라.'

경청해주셔서 감사합니다.[1]

2005년 6월 12일 스탠퍼드 대학 졸업식에서 있었던 애플 창업자 스티브 잡스의 축사다. 스티브 잡스는 흙수저도 아닌 무(無)수저로 태어났다. 그가 태어났을 때 그의 탄생을 환영하고 축하한 이는 지구상에 단 한 사람도 없었다. 스티브 잡스는 이 연설이 있고 6년 4개월이 지난 2011년 10월 5일 췌장암으로 세상을 떠난다. 전 세계인이 그의 죽음을 애도했다. 21세기 인류 역사를 바꾼 혁신가가 지구인의 곁을 떠났기 때문이었다. 지구상에서 어느 한 사람 그로부터 시작된 혁신적 기술의 편의(便宜)를 누리지 않는 이가 없었다.

대한민국이라는 사회는 아직 그리 공정하지 않고 정의롭지 않다. 운과 연줄이 많이 작용하고 개인의 능력보다 부모의 지위와 재산이 개인의 삶을 크게 좌우한다.

그러나 지금 대한민국은 100여 년 전까지 이 땅에 강고히 존재했던 신분제 사회나 이웃 나라의 강점 아래 그 어떤 꿈도 꿀수 없었던 그런 절망의 시대에 있지 않다. 또한 전쟁과 죽음이 일상화된 중동의 분쟁지역, 생존을 위해 수백·수천 킬로미터를 걸어 북상하는 중남미의 캐러밴 또는 지중해 죽음의 유령선에 몸을 내맡기는 아프리카 난민들, 자유주의 의료보험 시스템으로 큰 병에 걸리면 그냥 앉아서 죽을 날을 기다려야 하는 허울뿐인 선진국, 코로나19 팬데믹 상황에서 국민의 안위를 방치한 수많은 국가들과 같은 그런 생사를 넘나드는 공포의 공간에 놓여 있지도 않다. 그렇기에, 지구촌의 어떤 많은 사람들은 대한민국을 기회의 땅으로 여기기도 한다. 코리안 드림을 실현할 젖과 꿀이 흐르는 땅으로.

지금 당장 내가 바꿀 수 없는 상황을 탓하고만 있는 것은 현명치 않다. 지금 이 순간도 대체 불가능한 나의 소중한 삶의 시간은 빠른 속도로 흘러가고 있다. 지금 당장 내가 할 수 있는 것은 나의 태도를 선택하는 것이다. 자조와 자기연민만 하고 주저앉아 있을 것인지, 아니면 단 한 번 주어진 나의 삶을 제대로 대접하기 위해 일어설 것인지 둘 중 하나를 선택해야 한다. 지금까지 인류 역사 중 개인이 '자유'롭게 꿈꾸고 노력을 할 수 있게 된 시간은 기껏해야 최근 200년 남짓이다. 21세기 동시대인 중 죽음과 억압의 공포에서 벗어나 내일을 예정하고 생존 이상의 행복을 계획할 수 있는 환경에 있는 이 역시 생각보다 그리 많지 않다.

대한민국은 그리 공정하지 않고 정의롭지 않다. 그러나 최소한 내일을 예정하고 생존 이상의 행복을 계획할 정도의 사회는 된다. 그리고 자갈길도 만나고 진흙탕도 만나지만 공정과 정의로 덜컹거리며 나아가고 있는 중이다.

자기 위로든 타인의 위로든 지나치면 술이 되고 중독이 된다. 그 끝은 술의 끝, 중독의 끝과 크게 다르지 않다. 흙수저이기 때문에 주저앉을 것이 아니라 흙수저이기 때문에 다시 한 번, 한 번만 더 일어서야 한다. 그외 '나를 위한' 선택은 사실 없다.

14

기레기

길이길이 남으리니!

허위 사실과 과장된 기사로 저널리즘의 수준을 크게 떨어뜨리는 기자들을 '기레기'라 한다.
유사한 개념으로, 자극적이고 편향적인 흥미 위주의 보도로 선정주의적 경향을 띠는
옐로 저널리즘(yellow journalism)이 있다.
기레기는 질 낮은 기사를 쓰는 사람에 대한 비난이라면
옐로 저널리즘은 질 낮은 기사를 생산하는 언론사를 향한 비판이라는 점에서 차이가 있다.

2020년 1월 1일 '기자+쓰레기'의 합성 신조
어인 '기레기'가 마침내 대한민국의 공인 제도권 어휘로 등극했
다. 굳이 '등극'으로 표현하는 이유는 다름이 아니다. 그 등극
마당이 바로 Jtbc의 '신년 특집 대토론' 프로그램이었기 때문이
다. TV 방송 부문에서 최근 수년간 가장 높은 신뢰를 받아온
Jtbc, 마찬가지로 최근 수년간 우리나라 언론인 중 가장 높은
신뢰를 받아온 손석희 앵커, 그리고 이들의 일반 뉴스나 정기
토론 프로그램이 아닌 '신년 특집 대토론' 프로그램, 그것도 프

로그램의 문을 여는 첫 번째 토론 주제가 바로 '기레기'였기 때문이다.

이제 '기레기'는 더 이상 젊은 세대의 SNS에서나 통용되는 속어 또는 뭔가 깔끔하지 않은 느낌의 비아냥조 표현이 아닌, 공식 방송용어가 되었다. '참기자 정신'을 상실한 21세기 대한민국 일부 언론인의 안타까운 모습을 신랄하고도 날카롭게 드러내는 센스 넘치고도 격조 있는 문화어로 자리 잡게 되었다. 이제는 점잖은 이들도 아주 점잖은 어투로 "그 기레기들이 말이죠"라고 말해도 격이 떨어지거나 품위에 전혀 손상이 갈 일 없는 국민 표준어가 되었다.

언론은 '제4부'로 불리기도 한다. 국가의 입법부, 사법부, 행정부에 이어 네 번째 부라는 의미다. 세 부를 견제하는 언론의 기능이 매우 중요하고 사회적으로 미치는 영향력 또한 세 부의 국가 기능에 비해 결코 작지 않다고 여기기 때문이다. 물론 언론의 기능과 영향력 행사 측면에서 그렇다는 것이지 그 기능과 영향력 행사에 수반되는 책임까지 공식 국가기관처럼 균형 있게 부담하고 있다는 이야기는 아니다. '책임' 쪽은 언론 스스로가 알아서 지면 좋고 지지 않으면 할 수 없는 영역으로 놓여 있다. 사회적 기능 및 영향력이라는 '권한' 측면에서는 입법이나 사법, 행정을 능가할 정도지만 그에 수반되는 높은 수준의 '책임' 측면에서는 언론 자체의 자율에 내맡겨져 있는 것이다. 민주주의 사회에서 언론 분야만이 누리는 특혜적 지위다.

21세기 민주주의 사회에 리바이어던이 존재한다면 그것은 바로 언론이다. 현실에서 특정인이나 특정 조직 또는 특정 정권의 운명을 가를 정도의 막강한 영향력을 지니고 있으면서도 거기에 상응해야 할 같은 크기의 의무에서는 한없이 자유롭다. 어느 누구로부터도 책임 추궁을 당하지 않는 '신성(神聖) 가족', 저 드높은 곳에 자리하고 있는 언론의 위용이다.

언론의 기사 내용 부실, 사실 왜곡, 있지도 않거나 확정되지도 않은 '가짜 뉴스(Fake news)' 보도 등에는 여러 가지 배경이 있을 수 있다. 기자의 문장구성 능력, 기자 개인의 태도, 언론사의 의도나 편향된 확신, 외부세력의 압력 또는 언론사와 사회 일부 세력과의 야합적 결탁 등 다양한 것들이다.

그러나 기자 개인의 일탈이나 실수 등 그 어떤 이유로든 부실 기사, 사실 왜곡, 가짜 뉴스는 용납될 수 없다. 그것은 자율에 맡겨진 언론의 사회적 책임에 대한 방기이자 저널리즘 정신의 타락이기 때문이다.

예수는 그의 뜻을 좇는 제자들에게 빛과 소금이 되라고 했다. 기자라는 직업은 생명을 키우고 인간의 몸에 유용한 것들을 직접 만들어내는 빛은 아니지만 그 생명과 유용한 것들을 상하지 않도록 하는 소금의 역할을 한다. "너희는 세상의 소금이다. 만일 소금이 짠맛을 잃으면 무엇으로 다시 짜게 만들겠느냐? 그런 소금은 아무 데도 쓸데없어 밖에 내버려 사람들에게 짓밟힐 따름이다"[1]라고 예수는 말했다. 소금이 제 역할을 못하면 못하는 그 자체로만 끝나는 것이 아니라 사람들에게 짓밟히게 된다고 예수는 말하고 있다. 언론도 그렇다.

고대 로마 시대의 대표적 사상가이자 정치인 그리고 반(反)카이사르파 공화주의자였던 키케로는 2차 삼두정치 주역 중 한 명이었던 안토니우스 측에 의해 살해당한다. 살해 배경은 바로 키케로의 안토니우스에 대한 탄핵문 작성이었다. 그런데 안토니우스는 부하 헤렌니우스에게 키케로를 죽일 것을 명령하면서 키케로의 목과 함께 반드시 손을 잘라 올 것을 지시한다. 바로 자신에 대한 탄핵문을 쓴 키케로의 그 손을 잘라오라는 의미였다.[2] 공자는 "뜻이 굳은 이는 자신의 주장으로 인해 목숨을 잃을 수도 있다는 것을 언제나 잊지 말아야 하며, 장수는 그 용맹으로 인해 목숨을 잃을 수도 있다는 것을 언제나 잊지 말아야 한다"[3]라고 말한다.

양심을 외면하면서 사실을 왜곡하고 가짜 뉴스를 만들어내는 행위는 사회를 퇴보시키고 한 번뿐인 자신의 소중한 삶을 오물과 악취로 범벅된 누더기로 만드는 일이다. 그리고 궁극적으로는 자신이 몸담고 있는 조직의 종말까지 재촉한다. 글을 다루는 이로서의 최소한의 양심은 챙길 일이다.

* * *

공자가 살아생전에 직접 쓴 책은 사실 《춘추(春秋)》 하나로 추정된다. 공자의 언행을 다룬 《논어》는 공자가 세상을 떠난 뒤 제자들의 손에 의해 편집되었다. 《춘추》는 공자의 조국인 노(魯)나라의 역사서다. BC 722년부터 BC 481년까지 241년간 노나라를 다스렸던 12명 왕 때의 역사를 정리해놓은 책이다. '춘하추동(春夏秋冬)'이라는 말을 간략히 한 것이 '춘추'이고 '춘하추동'이 바로 시간(계절)을 나타내니 《춘추》는 역사서 이름으로 적절하다. 중국의 역사가들은 공자가 살았던 그 언저리 시간대를 무엇이라 부를까 하고 고민하다 그 이름을 공자의 책 《춘추》에서 빌려온다. 바로 '춘추 시대', 주(周) 왕조(BC11c-BC256) 후반 앞부분을 이르는 그 '춘추 시대(BC771-BC403)'다.

공자는 《춘추》를 펴내고 난 뒤 뿌듯해한다. 자신이 쓴 《춘추》에 대해 "나를 알아준다면 그것은 바로 이 책에서 비롯될 것이며, 나를 허물한다면 그것 또한 이 책 때문일 것이다"[4]라고 말한다. 공자가 뿌듯해했던 이유는 이 책을 펴냄으로써 앞으로 나라를 혼란에 빠트리거나 인륜을 어지럽히는 난신적자의 출현이 억제될 것이라는 확신 때문이었다.[5] 공자 사후 이《춘추》로 인해 얼마나 난신적자의 출현이 억제되었는지 확인할 길은 없다. 어찌 되었든 동양 사상의 주류이자 최대 주주인 공자의 저술인 만큼《춘추》는 많은 이들에 의해 역사 내내 연구되고 탐독된다.

그런데 후세 사람들은《춘추》의 가치를 또 다른 곳에서 찾았다. 이른바 '춘추필법(春秋筆法)', 즉 '춘추 저술의 원칙'에서였다. 사람들은 공자의《춘추》저술 원칙을 세 가지로 정리했다. 바로 ①기사(記事) ②정명(正名) 그리고 ③포폄(襃貶) 셋이었다. '기사'는 오늘날 언론 기자들이 '기사(記事)'를 작성할 때 '있는 사실 그대로 작성한다'는 원칙 그대로, '사실(事)'을 '작성하는(記)' 원칙이다. 두 번째는 '정명론(正名論)'에 바탕해 사실을 따져보는 것이다. 즉 '정명'이라는 말 그대로 '이름(名)'에 '맞는(正)' 역할을 제대로 하고 있는지를 따지고, 나아가 그 각각의 이름에 맞는 역할을 하도록 경계하는 것이다. 바로 공자의 그 유명한 '군주는 군주다워야 하고 신하는 신하다워야 하며 아버지는 아버지다워야 하고 자식은 자식다워야 한다'[6]는 내용이다. 그리고 마지막 세 번째인 '포폄'은 잘한 것은 '칭찬(襃)'하고 잘못한 것은 '나

무라고 비판하는(貶)' 것이다. '객관적인 사실 기록'과 '원칙에 입각한 균형 있는 저술자의 평가' 두 측면을 중심으로 ①기사 ②정명 그리고 ③포폄을 하는 것이었다.

공자의 춘추필법은 사실 앞서 다른 모범이 있었다. 바로 '동호지필(董狐之筆)', 즉 '동호의 역사 기록하기'라는 사건이다. 동호라는 인물은 공자보다 100년 정도 앞서 살았던 진(晉)나라 역사 기록 담당 사관이다. 당시 진나라의 어진 재상이었던 조돈이 어리석은 임금 영공의 미움을 사 죽음을 피해 국경을 넘어 다른 나라로 도망치려다 조천이라는 인물의 반란과 임금 시해로 다시 조정으로 돌아온다. 그러자 사관인 동호가 사서에 '조돈이 임금을 죽이다'라고 기록한다. 재상 조돈은 자신은 죽음을 피해 도망가다 다시 조정으로 돌아왔을 뿐인데 자신이 임금을 죽였다니 그게 무슨 말도 안 되는 소리냐고 따진다. 그러자 동호가 "사건 당시 재상인 당신은 진나라 국내에 있었고, 조정에 복귀해서도 임금을 시해한 자에 대한 특별 조치를 취하지 않았다. 그래서 임금은 당신이 죽인 것이나 다름없다"라고 추상같이 말한다. 재상 조돈은 결국 동호의 역사 기록을 허용하고 동호는 사관 직책을 그대로 유지한다.

공자는 동호의 사실 기록이라는 엄정한 원칙 고수와 용기를 높이 평가한다.[7] 동호지필과 춘추필법은 후세 역사 기록하기의 전범(典範)으로 자리한다. 아버지 이연과 당 왕조를 공동 창업한 태종 이세민은 왕위를 물려받기 전 '현무문의 변'을 일으켜 형 건성과 동생 원길을 죽인다. 몇 달 뒤 왕위에 오른 태종은 사관에게 자신이 형제를 죽인 사실을 역사에 있는 그대로 기록하도록 한다.[8] 책 읽기를 게을리하지 않았던 태종이었던 만큼 '춘추 필법'과 '동호지필'의 가르침을 외면하기 어려웠을 것이다. 후세 제왕들에게 정치의 모범이 된 태종의 '정관의 치'가 그냥 이루어진 것이 아니라는 것을 알 수 있다.

맹자는 "나는 살기를 원하지만 사는 것 이상으로 소중한 것이 있다. 나는 삶에 매달리지 않는다. 나는 죽기를 싫어하지만 죽는 것 이상으로 하지 않아야 할 것이 있다. 나는 죽음을 피하지 않는다"[9]라고 말했다. 맹자가 차라리 죽음을 선택하고 말겠다고 한 죽음과의 비교 대상은 다름 아닌 '짐승으로 사는 것'이었다. 짐승이 되느니 차라리 죽음을 택하고 말겠다는 것이다. 맹자의 "부끄러워하는 마음은 인간에게 매우 소중하다"[10]라는 언급에 주희는 "부끄러워하는 마음은 인간이라면 누구나 태어날 때부터 지니고 있는 본성이다. 부끄러워하는 마음을 잘 간직하면 누구나 시간이 지나면서 성현에 가까워지지만, 부끄러워하는 마음을 잃어버리면 그이는 시간이 지날수록 짐승이 되어간다"[11]라고 보충한다.

짐승들이 우글거리는 세상에서는 사람이 살 수 없다. 아니 살아도 사는 것이 아니다. 이때 그 '짐승'의 기준은 생김새에 있지 않다. 정신 작용에 있다. 부끄러워하는 마음, 염치를 잃어버리고 양심을 완전히 외면하는 삶을 산다면 그는 이미 짐승의 길로 깊숙이 들어서 있는 상태다.

애덤 스미스는 "글을 쓰는 이들은 사후 당대의 왕이나 정치가들보다 더 많이 회자된다"고 말했다.[12] 자동차가 등장하기 전까지 소문이 퍼져나가는 속도의 한계는 정부의 공무를 전달하는 파발마의 속도였다. 21세기 지금은 빛의 속도가 한계다. 한마디로 소문이 퍼져나가는 속도와 범위에 한계가 없다. SNS를 통해 동시간대로 퍼져나간다. 그러면서 내가 쓴 글을 시시콜콜한 일상을 함께하는 나의 배우자와 자식이 보고, 지금까지 삶의 어느 언저리에서 치기를 함께해온 나의 친구가 본다. 그리고 상식과 보편성의 집합체인 사회라는 인간의 집단이성이 현미경을 들이대고 지켜보고 있다.

내가 죽고 난 뒤에도 내가 쓴 글은 선명하게 남는다. 잊힐 권리가 주어지지 않는다. 나의 손자의 손자가 그리고 그 손자의 손자가 상식과 인류의 보편성인 이성이라는 잣대로 본다. 머리털이 쭈뼛 서고 정신이 바짝 들지 않을 수 없다. 당장 눈앞의 밥과 지위와 권력에 마음을 빼앗겨 시장에서 물건 팔 듯 서둘러 시세 좇아 글을 팔 일이 아니다.

　서양 속담에 '펜은 칼보다 강하다(The pen is mightier than the sword)'고 했다. 칼은 한 사람을 죽일 뿐이지만 펜은 한 사회를 죽일 수 있다. 그 사회에는 본인은 물론 본인이 사랑하는 배우자와 아이들 그리고 훗날의 자손이 면면히 살아가야 할 이 땅의 미래까지 포함된다. 대한민국 헌법 제21조 ①항은 모든 국민은 언론·출판 자유를 가진다고 정하고 있다. 마땅히 그 자유는 망나니가 피 냄새에 취해 미친 듯이 칼춤을 추는 그런 자유가 아니다. 천칭 저울 다른 한쪽의 '책임'이라는 무게를 감당할 정도 딱 그만큼의 '자유'다. 유행어는 그 시대의 거울이다. '기레기'가 하루빨리 화석언어가 되는 그날을 위하여.

15

인구론

인문계의 위기를 타파할 방법

요즘의 '인구론'은 경제학자 맬서스가 말한 '인구론'이 아니라
'인문계 졸업생의 90퍼센트가 논다'는 의미로 쓰인다.
인문계 출신이 갈 곳은 어디일까?

21세기 대한민국 사회에서 '인구론'은 더
이상 경제학자 맬서스(Thomas Robert Mathus, 1766~1834)의 명저《인
구론(An Essay on the Principle of Population)》의 그 '인구론'이 아니다.
'인문계 졸업생의 90퍼센트가 논다'는 의미의 '인(人)', '구(九)', '론
(논다)'이다. 아리고 안타깝다.

교육부가 발표한 '2018년 고등교육기관 취업률' 자료에 따
르면 2018년 4년제 대졸자 평균 취업률은 64.2퍼센트다. 그런
데 세부 취업률을 보면 인문계열 평균이 공학계열 평균에 비해

매우 낮다. 공학계열이 71.7퍼센트인 데 반해 인문계열은 57.1 퍼센트로 무려 14.6퍼센트나 차이가 난다. 인문계열은 비공학 계열 중에서도 최저다. 교육계열 64.1퍼센트, 사회계열 64.2퍼센트, 자연계열 64.2퍼센트 그리고 예능계열 64.2퍼센트로 비공학 다른 계열과 비교해도 7퍼센트 이상 낮다. '인구론'이라는 자조적이면서도 신랄한 표현이 괜히 나온 것이 아니라는 것을 알 수 있다. 인문학이 기업의 이익 창출에 별 도움이 되지 않는다는 인식의 결과다.

인문학이 돈이 되지 않을 것이라는 일반의 인식은 사실 어제 오늘 이야기가 아니다. 서양에서 최초로 철학을 시작한 탈레스는 주변 사람들로부터 핀잔을 받았다. 무시도 아니고 욕도 아닌 핀잔이었다. 지식을 추구하는 철학(Philosophy: 지혜 사랑하기)이라는 것을 한다고 하는데 항상 가난했기 때문이다. 주변 사람들은 당연히 철학이라는 것이 실제 삶에 아무런 도움도 되지 않는 것이구나 하고 생각하게 되었다.

이대로는 안 되겠다 싶었던 탈레스는 겨울에 별자리 관찰에 나선다. 그리고 이듬해 올리브가 대풍이 될 것을 내다보고 자신이 사는 밀레토스와 키오스의 올리브 착유기 선점에 나선다. 약간의 보증금을 미리 지불하고 올리브 수확철에 모든 착유기들을 독점적으로 사용한다는 계약을 맺은 것이다. 수확철이 되자 탈레스의 예상대로 올리브는 대풍을 이루고 올리브 기름을 짜는 착유기를 구하지 못한 사람들은 모두 탈레스에게 몰려온다. 탈레스는 많은 돈을 벌었다.[1]

중국 전국 시대(戰國時代) 말기의 종횡가(중국 춘추전국 시대의 제자백가 중 국제외교상에서 활약한 유세객들)인 소진은 제(齊)나라 귀곡 선생을 찾아가 공부를 했다. 유학을 마치고 낙양으로 돌아온 소진은 얼마 지나지 않아 형제를 비롯한 주변 사람들로부터 비웃음을 사기 시작한다. 공부는 많이 했는데 돈 버는 재주가 없어 늘 곤궁하게 지냈기 때문이다.

소진은 작정을 하고 돈이 되는 실용학문 공부에 나선다. 골방에 박힌 지 1년이 지나 소진은 태공망이 쓴《주서음부》라는 책을 통해 다른 사람의 마음을 꿰뚫는 '췌마술(揣魔術)'을 터득한다. 그러고는 본격적인 명리(名利) 추구에 나선다. 몇 년이 지나자 소진은 전국 시대 7대 강국인 전국 칠웅 중 진(秦)을 제외한 제·연·조·위·한·초 6국의 합종(合從) 동맹협정을 이끌어내고, 자신은 동맹의 수장과 6개 각국의 재상 자리에 오른다. 천하를 손에 쥔 소진은 조나라를 향하던 중 자신의 고향에 들른다. 그리고 자신 앞에 엎드려 머리를 조아리는 형제와 친구들에게 아낌없이 재물을 뿌린다.[2]

'기하학(geometry)'은 '토지(geo)'를 '측량(metry)'하기 위한 실용성에서 시작된 학문이다. 그리고 그 기하학의 고대 그리스·헬레니즘 시대 집대성이자, 기하학의 바이블이자, 근세에 이르기까지 기하학의 주요 교재로 사용되었던 책이 바로 《기하학 원론(Stoicheia)》이다. 《기하학 원론》의 저자는 헬레니즘 시대 초기를 살았던 유클리드(Euclid, BC330?~BC275?)다. 유클리드는 자신에게 기하학의 한 증명법을 들은 제자가 그것을 알게 되면 어떤 이익이 있냐고 묻자 노예를 불러 "저 젊은이에게 3펜스를 주어라. 저 친구는 자신이 배운 것에 항상 무엇인가 이익이 따라야 한다고 생각하는 친구니까"³⁾라고 말한다. 실용성에서 시작된 기하학의 바이블을 쓴 유클리드가 학문에서 이익을 구하는 것을 천하게 여겼다.

전원을 꿈꾸는 이들이 즐기는 시 중 으뜸은 도연명(365~427)의 '나 돌아가리라'의 〈귀거래사(歸去來辭)〉다. '돌아가자꾸나! 전원이 이제 거칠어지려 하니, 어찌 돌아가지 않겠는가?'로 시작되는 〈귀거래사〉는 다음의 중간 구절에서 절정을 이룬다.

술병과 잔을 당겨 스스로 술 한 잔을 따르고
정원의 나뭇가지 돌아보며 기쁜 미소 짓네
남녘 창에 기대어 있는 대로 기지개를 켜니

겨우 오금 펼 만한 이 좁은 공간이 세상 그 어디보다 편한자를 새삼 알 겠네[4]

닷 말 곡식에 허리를 꺾어야 하는 벼슬자리를 내던지고 오두막 고향집에 돌아와 정신의 자유를 만끽하는 도연명의 모습이 눈앞에 선하다. 훗날 한 시인은 도연명을 일컬어 "천 년에 한 명 나올까 말까 한 시인"[5]이라 평한다. 도연명은 술을 즐겼다. 칡베로 만든 두건으로 술을 걸러[6] 마실 정도였다. 그러나 언제나 가난했다. 먹을 것이 없어 남의 집 대문을 두드리고 난 뒤 차마 밥 달라는 말을 꺼내지 못한 일[7]도 있었다. 일찍이 도연명을 알아본 왕홍이라는 인물은 2만 금이나 되는 거액을 술집에 맡겨 도연명이 돈 걱정 없이 편히 술을 마실 수 있도록 마음을 쓰기도 한다.[8] 도연명은 임종 때 자신이 재주가 없어 자식들을 가난 속에 살게 했다며 아들들에게 사과했다.[9]

탈레스와 소진은 결국은 큰돈을 벌었다. 이유는 다름 아니다. 철학과 실용적 응용 또는 지식을 융합했기 때문이다. 탈레스는 자신이 철학에서 배운 지식을 올리브 작황과 융합했다. 결과는 대박이었다. 소진 역시 오랫동안 갈고닦은 지식을 취마술이라는 실용기술과 융합했다. 그 결과 전국 시대 6대 강국의

'연합사무총장' 자리에 오르는 명예와 함께 주체할 수 없을 정도의 부를 손에 넣었다.

유클리드와 도연명은 돈과 거리가 멀었다. 둘 다 학문이나 문학 그 자체를 추구할 뿐 그것들의 실용적 응용에 관심이 없기 때문이었다. 물론 돈을 벌려는 생각도 시도도 없었다. 그러나 시간이 지나면서 유클리드의 《기하학 원론》은 인류 역사 2,000년간 불멸의 스테디셀러가 되고, 도연명 역시 천 년에 한번 날까 말까 한 시인으로 높이 칭송됨과 동시에 그가 남긴 〈귀거래사〉는 전원생활과 안빈낙도를 꿈꾸는 모든 이들의 영원한 노래가 되었다. 유클리드와 도연명의 학문과 문학은 100년의 부(富)가 아닌 영원한 부가 되었다. 인간의 이성활동을 향상시키고, 자연회귀라는 인간의 원초적 본능을 살아 움직이게 했다. 숫자로 환산할 수 없는 부였다.

* * *

인문학은 삶에 도움이 된다. 그 방식은 두 가지로다. 하나는 눈앞에 숫자로 나타나는 가치로, 그리고 다른 하나는 숫자로 환산할 수 없는 가치로다. 21세기, 사회는 경쟁적이고 한 명 한 명 사람들 각자의 현실은 다급하다. 영원히 지속되는 가치도

의미 있지만 일단 사람들의 현재 삶에 도움이 되고 이익이 되어야 한다. 답은 '융합'이다. 탈레스와 소진이 그랬던 것처럼 인문학과 실용지식이 만나야 한다.

스티브 잡스는 애플의 창업자로 20·21세기 가장 창의적인 인물로 평가받는다. 창의성으로 세계 최고의 혁신기업 애플을 설립하고, 그 창의성으로 20·21세기의 지구촌을 멋진 신세계로 변화시키면서 천문학적인 금액의 부를 창출했다. 살아생전 잡스는 언론과 만날 때마다 강조했다. '기술과 인문학의 융합이 애플의 DNA'[10]라고. 자신의 창의성의 원천이 인문학이고, 인문학이 실용기술을 만남으로써 엄청난 가치를 창출하게 되었다는 이야기다. 인문학과 실용기술의 융합.

그렇다면 '인구론'으로 자조되는 대한민국 대학의 인문계열 현실에서 인문학과 실용기술의 융합을 어떻게 이룰 수 있을까? 그것은 체계적인 인문학 학습을 통해 가능하다. 다음과 같은 3단계 학습을 통해서다.

구분	의의	과목
1단계	인문학 전반에 대한 기본 학습	「인문학 개론」
2단계	①개인의 선택적 인문학 심화 학습	①인문학 각론
	②융합(인문학+실용지식)을 통한 가치창출 사례 학습	②사례 중심 학습
3단계	인문학 융합을 통한 가치 창출 실습&실행	가치 창출 실습&실행

* 《아주 낯익은 지식들로 시작하는 인문학 공부》 참조

새로운 가치는 '융합'에 의해 창출되고, 그 '융합'의 기본은 '인문학+실용지식'인 만큼 인문학과 실용지식을 섞기 위한 '3단계 인문학 융합 학습방법'은 전공 불문하고 유효하다. 이 3단계 학습에서 사람들이 특히 궁금해하는 부분은 '인문학 개론'이다. 2단계의 '선택적 인문학 각론 학습' 및 '사례 중심 학습'과 3단계의 '가치 창출 실행'은 금방 머리에 와 닿지만 인문학 개론은 막연하기 때문이다. 인문학 하면 흔히 문·사·철로 표현한다. 문학, 역사, 철학이다. 그런데 인문학을 전공하는 교수도 문·사·철 모두를 공부할 수는 없다. 그 범위와 깊이에 끝이 없기 때문이다. 따라서 인문학 개론은 먼저 '유용성'을 기준으로 '범주'를 정하고, '학습 소화 능력'과 '최소한의 학습 필요 정도'를 참작해 내용의 '깊이'를 정해야 한다.

'범주' 설정에 있어서는 본격적인 '범주' 설정에 앞서 먼저 조정이 필요하다. 문학은 내용이 방대할 뿐만 아니라 감성을 다루는 문학의 속성상 범주를 정하기에 적당치 않다. 따라서 문학은 범주에서 제외한다. 그리고 인간과 인간의 문화에 대한 이해를 돕는 '인문학'은 사실 역사, 철학만을 필요로 하지 않는다. '인문과학(Humanities)을 널리 인간 및 인간적 사상 일반에 관한 과학적 연구라는 의미로 해석한다면 자연과학·사회과학·인문과학의 전부를 포함하는 것이 된다'[11]라는 주장에서처럼, 종

교·신화·정치경제 그리고 인문학과 상호보완 관계인 자연과
학사도 필요로 한다.

따라서 인문학 개론은 역사·철학·종교·신화·정치경제·자
연과학사를 기본 틀로 ①한국사, ②중국고대사, ③로마제국사,
④중동사와 이슬람교, ⑤영국사, ⑥일본사, ⑦동양철학사, ⑧
플라톤&아리스토텔레스 철학, ⑨서양철학사, ⑩성경, ⑪불교,
⑫그리스로마 신화, ⑬사회계약론, ⑭국부론&자본론1, ⑮자연
과학사 등 15개 주제를 그 범주로 한다. 물론 이 범주는 저자의
제언이다.

이어 '인문학 개론' 내용의 깊이를 정한다. 우리나라 휴대전
화 보급률은 96퍼센트다. 문자를 모르는 어린아이들 빼놓고는
전 국민이 24시간 백과사전을 몸에 지니고 다니는 셈이다. '인
문학 개론' 내용의 '깊이'는 '각 주제별 맥락적 흐름과 핵심 내
용 정리' 정도다. 그 이상의 자세한 내용은 필요 시 보조기억장
치인 스마트폰의 사전 기능을 활용하면 된다. 융합에 있어 중
요한 것은 '지금 내가 알아봐야 할 지식이 무엇인지', '그 지식이
맥락적으로 어떤 의미를 갖는지', '핵심 내용은 무엇인지'를 먼
저 자신의 머릿속에 떠올릴 수 있어야 한다. 이 세 가지가 먼저
머릿속에서 떠오르지 않으면 기본 얼개를 구성할 수 없고, '무
엇을 알아봐야 하는지' 그 자체를 알 수 없다. 기본 얼개 짜기

와 이 세 가지가 머릿속에 떠오를 수 있게 하기 위해서는 컴퓨터의 운영체제처럼 평소 내 머릿속에 기본적으로 장착되어 있어야 하는 것들이 있다. 바로 앞에서 제안한 15개 주제 각각에 대한 전체 맥락과 핵심 내용이 그것들이다.

대학 1학년 때 '인문학 개론'을 통해 인문학 주요 주제를 전반적으로 맛보게 되면 학생들은 관심 분야를 찾아 스스로 각론 과목을 수강한다. 아울러 대학이 마련한 '인문학 융합 사례' 및 '인문학 융합 실행' 커리큘럼을 통해 인문학을 현실의 가치로 전환하는 방법을 익히게 된다. 그리고 졸업할 무렵이면 '인문학 개론' 학습과 이에 바탕한 4년간의 '인문학+실용지식' 융합 학습의 축적으로 기업과 사회가 필요로 하는 'T자형' 인재로 성장해 있다.

'인문계 졸업생의 90퍼센트가 논다'는 '인구론'은 사실 맬서스의 원판 《인구론》과 많이 닮았다. '음울한 학문'이라는 원판 《인구론》에 대한 평가나 '적자생존'과 같은 원판 《인구론》의 핵심어가 어둡고 숨막히는 지금의 '인구론' 분위기와 통한다. 그러나 원판 《인구론》의 '음울한 학문'과 '적자생존'은 결과적으로 인류 역사에 긍정적으로 작용했다. 음울한 예견이 있었기에 인구와 식량 문제를 진지하게 대비할 수 있었고, 적자생존이라는 긴상이 있었기에 자본주의의 물질적 번영이 존재할 수 있었다. 인문학을 21세기의 또 다른 '음울한 학문'으로 치부하고만 있을 일이 아니다. 원판 '음울한 학문', 아니 원판《인구론》이 그 랬듯이 해결책을 찾아야 한다. 방향은 이미 나와 있다. '융합'이다. 그리고 그 융합의 구체적인 방법 중 하나가 앞서 제시한 내용이다.

미래학자 다니엘 핑크(Daniel Pink)는 21세기 인재가 갖추어야 할 능력으로 두 가지를 든다. 바로 하이 콘셉트(High concept)와 하이 터치(High touch)다. 하이 콘셉트는 '창의성', 하이 터치는 '인 간관계 능력'을 의미한다. 20·21세기 가장 창의적 인물인 스티 브 잡스는 자신의 '창의성'의 원천을 '인문학+실용지식'으로 꼽 았다. 인간에 대한 깊은 이해를 필요로 하는 '인간관계 능력'은 당연히 인문학의 고유 영역이다.

대한민국 기업 중 자신들의 인재상으로 '창의성'과 '인간관계 능력'을 내세우지 않는 기업은 없다. 강단 인문학이 구름 위에서 내려와 적극적으로 산업을, 현장을 찾아나서야 한다. 강단 인문 학이 먼저 환골탈태의 변신에 나서야 한다. '인구론'이라는 아리 고 안타까운 말이 더 이상 이 땅에 존재하지 않게 하기 위해.

유행어는 어느 시대에나 존재한다.
1960·1970년대에는 막걸리 선거, 공돌이, 우골탑, 데칸쇼와 같
은 말들이 유행했다.

'막걸리 선거'는 정치인들이 유권자에게 막걸리를 사주고 표
를 매수했던 선거를 말한다. 외부로부터 이식된 민주주의제도
시행 초기에 정치꾼과 미성숙한 시민의식 사이에 벌어졌던 정치
야합을 보여주는 유행어다. 같은 의미로 유권자에게 고무신을
주고 표를 매수하는 '고무신 선거'라는 유행어도 있었다.

'공돌이'는 공장에 다니는 남성 노동자를 비하해 불렀던 유
행이다. 여성에 해당되는 말은 '공순이'었다. 1962년 제1차 경제

개발5개년계획이 시작된 이후 정부는 노동자들을 '산업역군'이라 불렀다. 그러나 근로기준법상으로나 급여·복지상으로나 인권적인 면에 있어서나 '산업역군'들은 억압당하고 소외당했다. 비하 용어 그대로 노동자들은 그냥 사용자들의 부를 늘리는 수단일 뿐이고 정부의 수출경쟁력 유지에 이용되는 힘없는 '공돌이', '공순이'였을 뿐이다.

'우골탑(牛骨塔)'은 '소뼈로 이루어진 탑'이라는 의미로, 서양에서 대학을 '상아탑(象牙塔, Ivory tower)'이라고 부르는 것에 빗대어 우리나라 대학을 부르는 유행어였다. 당시 시골에서 농사를 짓는 데 재산 1호는 소였다. 소가 없으면 농사를 지을 수 없었다. 그러나 그것보다 더 중요한 것이 있었다. 바로 자식 교육이었다. 지긋지긋한 가난의 대물림을 끊고 못 배운 설움을 자식에게만은 안기지 않기 위해 부모들은 어떤 희생을 감수하더라도 자식을 대학에 보내야 했다. 재산 1호인 소를 팔아서라도. 그래서 시골의 농투성이 부모들에게 대학교는 '상아탑' 아닌 '우골탑'이었다.

'데칸쇼'는 철학자인 데카르트, 칸트, 쇼펜아우어를 한꺼번에 묶어서 부르는 말이다. 대학생이라면 적어도 이들 세 사람의 저술 정도는 읽어야 한다는 의미다. 소수 지식인 집단인 대학생으로서의 자긍심과 함께, 지식과 현실 사이의 깊고 넓은 간극에 대한 해결책을 철학에서 찾아보려는 젊은 지성들의 고뇌가 담겨 있다.

1980·1990년대는 짭새, 유전무죄 무전유죄, 귀빈, 옥떨메, 아더메치유, 청맥통과 같은 말들이 유행했다.

'짭새'는 대학생들을 사찰 감시하기 위해 대학가에 상주하는 정보 경찰을 가리켰던 대학생들의 은어다. 권위주의 시대 국민 통제를 위해 정부가 불법을 일상적으로 저지르던 때의 상징적 유행어다.

'유전무죄 무전유죄(有錢無罪 無錢有罪)'는 1988년 있었던 미결수 탈주 사건의 주범 지강헌이 인질 대치 중에 외쳤던 말이다. 글자 그대로 죄를 지어도 돈만 있으면 무죄이고 돈이 없으면 유죄라는 의미다. 인정하기 싫고 동의하기 서글프지만 현실적 진리다.

'귀빈'은 귀한 손님이라는 의미의 '귀빈(貴賓)'을 반대로 비튼 말로 '귀찮은 빈대'라는 의미다. 가난한 주머니 사정에 담배나 밥 또는 술을 늘 얻어먹는 친구를 힐난 반 놀림 반으로 부르던 유행어다.

'옥떨메'는 '옥상에서 떨어진 메주'라는 말의 축약어로 매우 못생겼다는 표현이고, '아더메치유'는 '아니꼽고 더럽고 메스껍고 치사하고 유치하다'의 축약어로 한마디로 마음에 드는 것이 하나도 없다는 의미다. '옥떨메', '아더메치유'는 액면 뜻 그대로 부정적인 의미로 쓰이기도 했지만 때로는 연인 간에 상대를 놀리는 말로 쓰이기도 했다.

'청맥통'은 청바지, 맥주, 통기타를 가리키는 말로 결핍과 억압의 시대에 젊음의 상징이자 저항의 상징이었다.

2000년대 이후는 신조 유행어 백화제방(百花齊放)의 시대였다. PC통신, 인터넷, SNS라는 혁신적 커뮤니케이션 수단이 등장하면서 사이버 공간은 그야말로 신조 유행어 제조 공장이 되었다. 하루가 멀다 하고 신조 유행어가 쏟아져 나오니 어떤 것이 특별히 대표적인 유행어라고 꼽기가 쉽지 않다. 2000년대 이후 신조 유행어에는 언어뿐만 아니라 기호도 등장했다. SNS상에서 대화를 빠른 속도로 입력해야 하니 줄일 수 있는 말은 최대한으로 축약하고 감정이나 느낌처럼 길게 말해야 하는 것은 아예 기호로 나타내기 시작했다.

유행어는 시대의 거울이다. 시대를 드러내는 만큼 유행어는 시대에 따라 자기만의 색깔을 지닌다. 60·70년대 유행어의 색깔은 결핍과 빈곤이다. 식민지 시대와 민족상잔을 겪은 뒤 먹고 살 것 해결에 급급한 시대였던 만큼 이 시대의 유행어에는 음울과 극복의 의지가 함께 배어 있다.

80·90년대 유행어의 색깔은 저항과 낭만이다. 민주주의제도 이식 이후 한 세대 이상이 지난 때인 만큼 정치적 의식이 형성 되면서 사람들은 시민으로서의 권리 확보를 위해 독재·권위주 의 정권에 맞선다. 그러면서 다른 한편으로는 네 차례의 경제개 발5개년계획을 통한 생활수준 향상의 과실을 조금씩 향유하기 시작한다. 따라서 이 시대의 유행어에는 정치적 저항과 함께 약 간의 경제적 여유가 함께 드러난다.

2000년대 이후 유행어의 색깔은 개성과 행복 추구다. 정치적 으로 어느 정도 상식이 자리 잡고 경제적으로 절대빈곤이 사라 진 상태에서 사람들은 이제 자기다움과 행복 추구에 나선다. 따라서 2000년대 이후 유행어에는 정치 이상의 정치인 '정의'와 '공정', 기본적인 의식주 이상의 '행복'과 같은, 앞서의 시대와는 차원이 다른 이상적 가치가 저변에 깔려 있다.

유행어는 늘 바뀐다. 그러나 그 시대와는 늘 동행한다.

독자들의 행복을 기원하며
저자 신동기&신서영

본문 주석

들어가는 글

1. 무민세대는 '없을 무(無)'에 '의미하다'는 뜻의 영어 단어 '민(mean)'을 합친 신조어다. 남들이 보기에는 무의미한 일이지만 그 속에서 행복을 찾는 사람을 뜻한다. 싱글슈머는 혼자라는 뜻의 싱글(single)과 소비자라는 뜻의 컨슈머(consumer)의 합성어로 자신의 생활 패턴에 따라 상품과 서비스를 소비하는 사람들을 말한다.

카오스펙은 혼돈을 뜻하는 '카오스(chaos)'와 취업을 위한 능력치를 뜻하는 '스펙(specification)'의 합성어다. 취업난이 심해지고 기업들이 요구하는 능력도 급변하면서, 이로 인해 혼란에 빠진 취준생들의 상황을 반영하는 말이다.

휘소가치는 흩어진다는 의미의 한자인 '휘두를 휘(揮)'와 드물기 때문에 인정되는 가치를 뜻하는 '희소가치(稀少價値)'가 합쳐져 탄생한 신조어이다. 다른 사람에게는 휘발적인 소비이지만 자신에게는 가치가 있는 것에 투자하는 합리적인 소비를 뜻한다.

법블레스유는 한자어 '법(法)'과 영단어 'bless(축복하다)'가 합쳐져 만들어진 단어로, '법이 너를 살렸다', '법이 아니었으면 너는 이미 끝났다', '법의 은총 덕분에 살아있는 줄 알아라' 등을 줄여 이르는 신조어다.

01 잉여인간

1. 네이버지식백과의 두산백과
2. 이상, 날개, 애플북스, 2015, 231면
3. 이상, 날개, 애플북스, 2015, 234면
4. 이상, 날개, 애플북스, 2015, 247면
5. 이상, 날개, 애플북스, 2015, 252면

6. 논어, 학민문화사, 2003, 3권 201면

邦有道則仕 邦無道則可卷而懷之(나라에 도가 서 있으면 벼슬에 나가고, 나라에 도가 서 있지 않으면 벼슬에서 물러나 가슴속에 뜻을 품을 뿐이다)

7. 논어, 학민문화사, 2003, 2권 214-5면

有美玉於斯 韞匵而藏諸求善賈而沽諸(여기에 아름다운 옥이 있습니다. 이것을 장롱 깊이 넣어 두시겠습니까 아니면 좋은 값을 받고 파시겠습니까)

沽之哉沽之哉 我待賈者也(팔아야지, 팔아야지. 나는 지금 좋은 값에 팔리기를 기다리고 있는 중이다)

8. 논어, 학민문화사, 2003, 3권 333-334면

末之也已 何必公山氏之之也(아무리 가실 곳이 없다고 해도 그렇지 어찌 공산씨에게 가시려 합니까)

夫召我者而豈徒哉 如有用我者 吾其爲東周乎(그가 어찌 나를 아무 일 없이 불렀겠느냐. 나를 고용해주는 자가 있다면 내 기꺼이 가, 주공단이 만든 주나라와 같은 나라를 만들 것이다)

9. 논어, 학민문화사, 2003, 3권 341-342면

然 有是言也 不曰堅乎 磨而不磷 不曰白乎 涅而不緇(그렇다. 이런 말이 있다. 참으로 단단한 것은 갈아도 얇아지지 않고 참으로 흰 것은 검은 물을 들여도 검어지지 않는다)

吾豈匏瓜也哉 焉能繫而不食(내가 어찌 조롱박처럼 줄기에 매달린 채 아무 쓰임 없이 그대로 버려져야 한단 말이냐)

10. 논어, 학민문화사, 2003, 3권 230면

君子病無能焉 不病人之不己知也(군자는 자신의 무능을 탓할 뿐 다른 사람들이 자신을 알아주지 않는 것에 속상해하지 않는다)

疾沒世而名不稱焉(군자는 죽을 때까지 자신의 이름이 세상에 알려지지 않는 것을 원하지 않는다)

11. 논어, 학민문화사, 2003, 3권 153면

莫我知也夫(나를 알아주는 이가 없구나)

知我者其天乎(나를 알아주는 것은 하늘일 것이다)

02 빌런

1. 2021.1.31. 매일경제 기사 참조

2. 2021.1.15. 뉴시스 기사 참조

3. 시사상식사전, '빌런' 참조

4. 시오노 나나미, 김석희 역, 로마인 이야기, 한길사, 2001, 5권 327면 참조

5. 시오노 나나미, 김석희 역, 로마인 이야기, 한길사, 2001, 3권 211-214면 참조

6. 플루타르크, 이성규 역, 플루타르크 영웅전 전집, 현대지성사, 2003, 139면 참조

7. 시오노 나나미, 김석희 역, 로마인 이야기, 한길사, 2001, 1권 118면 참조

8. 시오노 나나미, 김석희 역, 로마인 이야기, 한길사, 2001, 3권 211-214면 참조

03 인싸&아싸

1. 맹자, 학민문화사, 2009, 2권 77면

我必不仁也, 必無禮也(내가 다른 이의 입장을 헤아리지 않지는 않았는지, 내가 다른 이를 배려하거나 양보하지 않지는 않았는지)

2. 맹자, 학민문화사, 2009, 2권 77면

我必不忠(진심으로 성실하게 대하지 않지는 않았는지)

3. 맹자, 학민문화사, 2009, 2권 77-78면

此亦妄人也已矣 如此則與禽獸奚擇哉 於禽獸又何難焉(당신을 미워하는 그자가 정신 나간 자이다. 그런 자는 짐승이나 다름없다. 그런 짐승 같은 자를 탓해 무엇할 것인가)

4. 맹자, 학민문화사, 2009, 1권 55면

仁者無敵(남의 입장을 먼저 헤아리는 사람에게는 적이 있을 수 없다)

5. 논어, 학민문화사, 2003, 3권 56면

鄕人皆好之 何如(마을 사람들이 모두 그를 좋아하면 어떻습니까)

未可也(그것은 옳지 않다)

鄕人皆惡之 何如(마을 사람들이 모두 그를 미워하면 어떻습니까)

未可也 不如鄕人之善者好之 其不善者惡之(그것도 옳지 않다. 마을 사람 중 착한 이들은 그를 좋아하고 착하지 않은 이들은 그를 좋아하지 않는 것만 못하다)

6. 니체, 장희창 역, 차라투스트라는 이렇게 말했다, 민음사, 2004, 96-97면

7. 논어, 학민문화사, 2003, 490면

以文會友 以友輔仁(학문을 하면서 친구를 사귀고, 친구와의 교제를 통해 다른 사람의 입장을 헤아리는 법을 배운다)

8. 니체, 장희창 역, 차라투스트라는 이렇게 말했다, 민음사, 2004, 154면

9. 논어, 학민문화사, 2003, 3권 286면

友直 友諒 友多聞(정직한 친구, 성실한 친구 그리고 지혜로운 친구)

友便辟 友善柔 友便佞(겉모양새에 치중하는 친구, 눈치를 살피며 남의 비위 맞추기를 잘하는 친구, 말만 많고 아는 것은 별로 없는 친구)

10. 니체, 장희창 역, 차라투스트라는 이렇게 말했다, 민음사, 2004, 108면

11. 종광 스님 강설, 임제록, 모과나무, 2014, 120면 참조

隨處作主 立處皆眞(어디를 가든 주인되게 행동하면 그 머무는 곳이 곧 참된 세상이 될 것이다)

12. 임마누엘 칸트, 백종현 역, 실천이성비판, 아카넷, 2009, 359-360면 참조

04 라떼
_____

1. 신동기, 회사에 대한 오해와 착각을 깨는 인문학적 생각들, 티핑포인트, 2016, 201-213면 참조

2. 신동기, 회사에 대한 오해와 착각을 깨는 인문학적 생각들, 티핑포인트, 2016, 201-213면 참조

05 열정페이

1. 다음백과사전

2. 천재학습백과

3. 위키백과

4. 서울대학교교육연구소 교육학용어사전의 '도제' 참조

5. 논어, 학민문화사, 2003, 1-479면

知之者 不如好之者 好之者 不如樂之者(아는 것이 좋아하는 것만 못하고, 좋아하는 것이 즐기는 것만 못하다)

06 소확행

1. 풍우란, 박성규 역, 중국철학사 상, 까치, 2005, 217면

輕物重生(물질을 가벼이 여기고 생명을 중히 하라)

2. 황견 엮음, 이장우 등 역, 고문진보 전편, 을유문화사, 2004, 106면 참조

日華川上動(출렁이는 강물 위로 햇살 반짝이고)

風光草際浮(일렁이는 풀잎 끝에 바람 스치운다)

桃李成蹊徑(도리화 만발하니 상춘객 줄을 잇고)

桑楡蔭道周(뽕나무 느릅나무, 길모퉁이 그늘 지운다)

3. 우리 한시 삼백수 7언절구편, 김영사, 2013, 178면 참조

爭占名區漢水濱(한강 가 빼어난 풍경 다투어 차지해)

亭臺到處向江新(도처에 누각 정자 강물 향해 또 들어섰구나)

朱欄大抵皆空寂(붉은 칠 화려한 난간 이곳저곳 적막할 뿐이니)

携酒來憑是主人(술 들고 와 기대면 그가 바로 주인일세)

4. 신동기, 오늘 행복에 한 걸음 더 다가갑니다, M31, 2018, 66면

5. 사회복지용어대백과사전

6. 에마누엘 칸트, 백종현 역, 실천이성비판, 아카넷, 2009, 360면 참조

7. 생텍쥐페리, 안응렬 역, 신원문화사, 2001, 70-73면 참조

07 근자감

1. 네이버 지식백과, 중국사다이제스트100, '의화단운동' 참조

2. 시오노 나나미, 김석희 역, 로마인 이야기 4권, 한길사, 2001, 87-91면 참조

3. 시오노 나나미, 김석희 역, 로마인 이야기 4권, 한길사, 2001, 435- 443면 참조

4. 대학중용, 학민문화사, 2000, 44면

物有本末 事有終始 知所先後則近道矣(만물은 근본과 말단이 있고, 사람의 일에는 끝과 시작이 있다. 먼저 하고 나중에 할 바를 알게 되면 도에 가까워진다)

5. 논어, 학민문화사, 2003, 3권 49면

不得中行而與之 必也狂狷乎 狂者進取狷者有所不爲也(중도적인 사람과 함께할 수 없다면 결국 광자나 견자 밖에 없다. 광자는 지나치게 적극적인 사람이고 견자는 지나치게 소극적인 사람이다)

6. 맹자, 학민문화사, 2009, 2권 602면

狂者又不可得 欲得不屑不潔之士而與之 是獧也 是又其次也(광자를 얻을 수 없다면 불결한 것을 달갑게 여기지 않는 이와 함께한다. 그것은 바로 견자이니, 견자는 광자 다음이다)

08 국뽕

1. 네이버지식백과 두산백과 '민족자결주의'

10 기울어진 운동장

1. 2019.10.16. MBC뉴스 참조

11 1코노미

1. 통계청 자료 참조

2. 통계청 자료 참조

3. 통계청 자료 참조

4. 한국은행 자료 참조

5. 2020.12.1. 연합뉴스 '평균기대수명 추이' 기사 참조

6. 통계청 자료 참조

7. 통계청 자료 참조

8. 2020.5.1. 1코노미뉴스 '서울시 거주 외국인 14.7% 혼족' 기사 참조

9. 통계청 자료 참조

10. 2021.3.18. 1코노미 뉴스 기사 참조

11. 통계청 자료 참조

12 아빠 찬스

1. 아리스토텔레스, 최민홍 역, 윤리학, 민성사, 2001, 303면 참조

2. A. 스미스, 박세일·민경국 공역, 도덕감정론, 비봉출판사, 2010, 73면

13 흙수저

1. 유튜브 https://www.youtube.com/watch?v=1utzfa-a5AY 참조. 저자 한역

14 기레기

1. 마태오5:13

2. 이성규 역, 플루타르크 영웅전, 현대지성사, 2000, 1618-1619면 참조

3. 맹자, 학민문화사, 2009, 2권 211-212면

志士不忘在溝壑 勇士不忘喪其元(뜻이 굳은 이는 자신의 주장으로 인해 목숨을 잃을 수도 있다는 것을 언제나 잊지 말아야 하며, 장수는 그 용맹으로 인해 목숨을 잃을 수도 있다는 것을 언제나 잊지 말아야 한다)

4. 맹자, 학민문화사, 2009, 1권 480면

知我者 其惟春秋乎 罪我者 其惟春秋乎(나를 알아준다면 그것은 바로 이 책에서 비롯될 것이며, 나를 허물한다면 그것 또한 이 책 때문일 것이다)

5. 맹자, 학민문화사, 2009, 1권 480-481면 참조

6. 논어, 학민문화사, 2003, 2권 457면

君君臣臣父父子子(군주는 군주다워야 하고 신하는 신하다워야 하며 아버지는 아버지다워야 하고 자식은 자식다워야 한다)

7. 권오석 역, 장자(외편), 홍신문화사, 2012, 55-61면 참조

8. 오긍 찬, 최호 역, 정관정요, 홍신문화사, 2001, 300면 참조

9. 맹자, 2009, 학민문화사, 2009, 2권 290면

生亦我所欲 所欲有甚於生者 故不爲苟得也 死亦我所惡 所惡有甚於死者 故患有所不避也(나는 살기를 원하지만 사는 것 이상으로 소중한 것이 있다. 나는 삶에 매달리지 않는다. 나는 죽기를 싫어하지만 죽는 것 이상으로 하지 않아야 할 것이 있다. 나는 죽음을 피하지 않는다)

10. 맹자, 2009, 학민문화사, 2009, 2권 418면

恥之於人大矣(부끄러워하는 마음은 인간에게 매우 소중하다)

11. 맹자, 2009, 학민문화사, 2009, 2권 418면

恥者吾所固有羞惡之心也 存之則進於聖賢 失之則入於禽獸(부끄러워하는 마음은 인간이라면 누구나 태어날 때부터 지니고 있는 본성이다. 부끄러워하는 마음을 잘 간직하면 누구나 시간이 지나면서 성현에 가까워지지만, 부끄러워하는 마음을 잃어버리면 그이는 시간이 지날수록 짐승이 되어간다)

12. A. 스미스, 박세일·민경국 공역, 도덕감정론, 비봉출판사, 2010, 544면

15 인구론

1. Aristotle, The Politics, Penguin Classics, 1992, 90면 참조

2. 사마천, 박일봉 편역, 사기 열전1, 육문사, 2003, 110-125면 참조

3. Bertrand Russell, The History of Western Philosophy, A Touchstone Book, 1972, 211면, Give the young man three pence, since he must needs make a gain out of what he learns.

4. 引壺觴以自酌(술병과 잔을 당겨 스스로 술 한 잔을 따르고)

眄庭柯以怡顏(정원의 나뭇가지 돌아보며 기쁜 미소 짓네)

倚南窓以寄傲(남녘 창에 기대어 있는 대로 기지개를 켜니)

審容膝之易安(겨우 오금 펼 만한 이 좁은 공간이 세상 그 어디보다 편한지를 새 삼 알겠네)

5. 황견 엮음, 이장우 등 역, 고문진보 전편, 을유문화사, 2004, 93면 참조

彭澤千載人(천년에 한 명 나올까 말까 한 시인)

6. 황견 엮음, 이장우 등 역, 고문진보 전편, 을유문화사, 2004, 80면 참조

漉酒用葛巾(칡베로 만든 두건으로 술을 걸러)

7. 이지, 김혜경 역, 분서2, 한길그레이트북스, 2004, 161면 참조

扣門拙言辭(먹을 것이 없어 남의 집 대문을 두드리고 난 뒤 차마 밥 달라는 말을 꺼내지 못한 일)

8. 이지, 김혜경 역, 분서1, 한길그레이트북스, 2004, 389면 참조

9. 이지, 김혜경 역, 분서1, 한길그레이트북스, 2004, 93면 참조

10. 2011.3.4. 중앙일보 기사 참조

11. 네이버 지식백과의 두산백과

참고문헌

권오석 역, 장자(외편), 홍신문화사, 2012

네이버 지식백과

논어, 학민문화사, 2003

뉴시스

니체, 장희창 역, 차라투스트라는 이렇게 말했다, 민음사, 2004

다음 백과사전

대학중용, 학민문화사, 2000

매일경제

맹자, 학민문화사, 2009

사마천, 박일봉 편역, 사기 열전1, 육문사, 2003

생텍쥐페리, 안응렬 역, 신원문화사, 2001

서울대학교교육연구소 교육학용어사전

시사상식사전

시오노 나나미, 김석희 역, 로마인 이야기 1권, 한길사, 2001

시오노 나나미, 김석희 역, 로마인 이야기 3권, 한길사, 2001

시오노 나나미, 김석희 역, 로마인 이야기 4권, 한길사, 2001

시오노 나나미, 김석희 역, 로마인 이야기 5권, 한길사, 2001

신동기, 아주 낯익은 지식들로 시작하는 인문학 공부, 아틀라스북스, 2016

신동기, 오늘 행복에 한 걸음 더 다가갑니다, M31, 2018

신동기, 회사에 대한 오해와 착각을 깨는 인문학적 생각들, 티핑포인트, 2016

애덤 스미스, 박세일·민경국 공역, 도덕감정론, 비봉출판사, 2010

아리스토텔레스, 최민홍 옮김, 윤리학, 민성사, 2001

연합뉴스

오긍 찬, 최호 역, 정관정요, 홍신문화사, 2001

위키백과

유튜브 https://www.youtube.com/watch?v=1utzfa-a5AY

이상, 날개, 애플북스, 2015

이영욱, 우주 그리고 인간, 동아일보사, 2001

이지, 김혜경 역, 분서1, 한길그레이트북스, 2004

에마누엘 칸트, 백종현 역, 실천이성비판, 아카넷, 2009

정민 평역, 우리 한시 삼백수 7언절구편, 김영사, 2013

종광 스님 강설, 임제록, 모과나무, 2014

중앙일보

천재학습백과

통계청 자료

풍우란, 박성규 역, 중국철학사 상, 까치, 2005

플루타르크, 이성규 역, 플루타르크 영웅전 전집, 현대지성사, 2003

황견 엮음, 이장우 등 역, 고문진보 전편, 을유문화사, 2004

황견 엮음, 이장우 등 역, 고문진보 후편, 을유문화사, 2004

Aristotle, The Politics, Penguin Classics, 1992

Bertrand Russell, The History of Western Philosophy, A Touchstone Book, 1972

MBC 뉴스

1코노미 뉴스